超專注力

SUPER CONCENTRATION HACK

對策

伊庭正康—著

鍾嘉惠—譯

我想要有效率地完成工作，而不是拖拖拉拉的。

我總是要等到急得火燒眉毛了，才能夠專心。

我很容易會分心，不知不覺就滑起手機。

明明我有些事情必須要去做卻怎麼也提不起勁處理。

總是被 Deadline 緊緊追在身後，我很想從忙碌的壓力中解放出來。

這本書是

專為內心之中

有著這類煩惱的朋友

而著書成冊的。

前 言 為何現在特別需要「專注力」？

■ 難以維持專注力

專注力是為了使人更有效率地完成工作，讓你的人生更加豐富多彩所不可或缺的技能之一。

不過，要保持專注力集中並不是件容易的事。

首先，周遭的環境、聲音、人的行動等等都會對你造成干擾。

每天不斷收到一堆自動發送的SNS、電子郵件通知，有時還會為噪音所苦。工作中被人搭話而打斷的情況也不算少見。

不僅如此。

還有來自自己內在的干擾。

焦慮、壓力、疲勞之類的因素也會妨礙你的專注力。

因此，在這本書中將為各位介紹以下這幾點：

- 怎麼做才能保持專注力？
- 為什麼難以保持專注力？
- 為什麼需要提高專注力？

抱歉，到現在才做自我介紹。

我叫伊庭正康，經營一家人才培訓公司，專為各大企業提供增加商務人士生產力的訓練。

每天在工作中會接觸到許多商務人士，從他們那聽到「想讓工作更有效率」、「想提高專注力」這類真實心聲。

以前，我也是被忙碌的生活牽著鼻子走，覺得自己也是在「專注力」方面有待加強的人之一，所以非常能夠感同身受。

實際上，過去的我即使處於火燒眉毛的情況中，卻不知怎麼地心裡一直掛記著電子郵件，或焦慮地頻頻查看日程安排而中斷手上十萬火急的作業。

每次發生這種情況我都很氣自己：「啊、啊！又搞砸了。」

■ 必須提高專注力的理由

那麼，讓我們來思考一下為什麼需要提高專注力。

第1個理由，是為了「有效率地完成工作」。

在你的職場上，是否有像是「減少加班」等提高生產力的訴求呢？

但實際上呢？工作量別說是有減少了，更多時候其實是有增無減的。

當在這種情況下若要求生產力，勢必得想辦法提高「每小時的任務處理率」。

第2個理由，是為了「充實私人的時間」。

如果學會有效率地推進工作，時間上便有餘裕，得以享受更充實的私人時間。

除了工作之外，肯定還有許多值得我們珍惜的事物，例如：預留時間從事自己的興趣嗜好、養育下一代、投資自己，甚至是結識各種各樣的人。

第3個理由，是為了「減輕壓力」。

當你提高了專注力，就能按照自己的步調作業和工作。

由於可以先處理掉比較麻煩的事，並在適當的時間點休息，因此能擺脫被時間追著跑的壓力。

另外，正如本書中所介紹的，當你處於專注狀態時會達到專心致志的「忘我」境界，等回過神來才發現自己甚至能做到所謂的「心流」狀態，讓工作一件接一件地順利進行。

■ 提高專注力只需要唯一條件

然而，正如我之前所說，保持專注並沒有這麼容易。

要持續專注在一件事情上1個小時、甚至30分鐘都很困難。

你是否能夠專注於眼前的作業而不受智慧型手機的干擾？

你是否能夠專注於工作而不會冒出一些不相干的念頭呢？

如果只是一如既往地過生活，那幾乎是不可能的事。

而是「知其所以」。

事實上，重要的不是意志力或努力。

那麼要怎麼做才能提高專注力並保持下去呢？

本書中會為各位介紹如何充分發揮全腦的能力、有助於提高專注力的理論。

而且，這並非只是紙上談兵。**這些理論都是根據各種研究成果和心理學，介紹在實際商務應用中有所成效的理論。**

事實上，我自己也已經親身實踐過這些理論，並且實際感它們所帶來的效果。

當然，**不必將書中所說的全都做過一遍。**

請從中挑選幾項你認為需要的技巧實踐看看。與其囫圇吞棗地亂槍打鳥，將範圍縮小到所需要做的，才是最快掌握技巧的捷徑。

請務必將本書的內容付諸實踐，至少嘗試 1 項看看。

明天起，請找出要加以實踐的事項。

相信你的專注力肯定會有所提升，並且在未來會有一個更加豐富的人生等著你。

RASISA LAB股份有限公司代表董事、人才培訓講師

伊庭正康

第 **1** 章

提高專注力，
就能用 4 倍速完成工作

每15分鐘休息一下
即可恢復專注力

你的專注力只能維持20分鐘

學習15分鐘 → 休息5分鐘

γ波（與專注力有關）

恢復 恢復

時間（分鐘）

學習60分鐘

γ波（與專注力有關）

下降

時間（分鐘）

（東京大學 池谷裕二教授的研究）

「γ（Gamma）波」

即與專注有關的腦波。
20分鐘過後便開始降低，40分鐘後急遽下降。

▼了解專注力的「極限」

回過神來，作業花費的時間居然已超出預期……。

仔細一看，居然還有錯字……。

我真是缺乏專注力呀……。

誰都會不禁發出這樣的感嘆，此時請不要急著責備自己。

會這麼說是因為，人類的腦部很遺憾地被設計成只能專注於一件事上約20分鐘的時間而已。

明明起初都很專注，但隨著時間過去，「花費太多時間」、「發生錯誤」等狀況會變得愈來愈理所當然。

因此為了保持專注力，**首先應當思考的是，該如何控制腦部這種只能專注20分鐘的習性。**

可以參考日本東京大學池谷裕二教授的研究會很有幫助。

這是池谷裕二教授與倍樂生股份有限公司（Benesse Corporation，推出《可愛巧虎島》的教育出版公司）在「進研研修會中學講座」中合作進行的研究。

這項研究比較中間不休息、持續學習60分鐘的小組，和每15分鐘休息5分鐘的小組的學習成效。結果發現同樣學習60分鐘，但中間有安排休息時間的小組測驗成績（英語單字）比較好。

請確認20頁的圖表。可以看出中間不休息的小組過了40分鐘後，與專注力有關的腦波（γ波）急遽降低。

由此可以知道2件事。

【專注力的真相】
· 20分鐘後專注力便會降低。
· 超過40分鐘便會急遽下降。

▼ 短暫休息的效果

一旦了解這項特點，相信大家都知道應該要怎麼做了吧。

正確答案是 <u>多做短暫的休息</u> 以保持專注力。

雖然說是短暫的休息，但稍微閉上眼睛、轉動一下頸部來拉拉筋也很有效。我在寫作本書時也會斟酌的狀況，抓緊時間伸展一下身體、閉目養神、喝杯咖啡，或是試著重頭再讀一遍，盡量讓自己有喘口氣的時間。

請各位實際嘗試看看這個方法。相信你會感受到它的效果。

不要一直以為「我還可以」然後埋頭苦幹地做下去，避免發生這樣的狀況才是明智之舉。

> **POINT**
>
> 中間稍作短暫的休息要比連續不斷地工作更能保持專注力。

智慧型手機媒體的設計
就是要讓人極度沉迷

阻礙現代人集中專注力
的「新敵人」

「這就像是在螢幕中散播古柯鹼。」

（無限下拉〔Infinite scroll〕功能的開發者
阿贊・拉斯金〔Aza Raskin〕）

▽ 為什麼使用智慧型手機一滑就好幾個小時？

你是否常常會聽到這樣的說法：

「使用智慧型手機時要盡量設定時間。」

但我自己是未曾聽過有人能真的做到這一點。

這是因為有許多日常事務現在都要倚賴智慧型手機，例如時鐘、鬧鐘、時刻表、電子郵件……等等。

不過人手不離智慧型手機的原因，並非只有這樣而已。

你是否曾經下定決心「只用10分鐘」的手機就好，結果卻滑了1、2個小時而感到後悔過呢？

事實上，當你了解某個機制後就會知道，無論「只用10分鐘」的決心多麼堅定，到最後還是會把持不住的。

因為我們都是「注意力經濟的受害者」。

「注意力經濟（Attention economy）」是美國社會學家邁可・戈德哈伯（Michael Goldhaber）於數位社會到來的一九九七年提出，並自此傳播開來的概念。顧名思義，注意力經濟就是一種「互相爭奪消費者關注的經濟」。

現在各個智慧型手機的媒體，正在競相搶奪我們可自由支配的時間。利用能激起人們反應的照片、廣告文案不斷刺激著消費者，以爭取消費者的點擊以及停留於頁面的時間。讓人以為只是用一下子，卻不知不覺滑了1個小時的狀況，就是掉入他們設定好的劇本（陷阱）之中。

▼ 短影片的成癮性

短影片「無限下拉」的成癮性，近來成為眾人討論的話題。

你是否有過原本只是打算稍微看一下直式的短影片，不知不覺1、2個小時便過去的經驗呢？

據說預示繼續往下滑可能會有更好看影片的這類刺激，會促使腎上腺素分泌，使人心情亢奮而想著「還想看更多」，讓人們成了無限下拉的犧牲品。

假使你也想到一些類似的情況，不妨聽聽開發者的心聲。

事實上，開發者之一的阿贊・拉斯金（Aza Raskin）已經表達了他對「無限下拉」成癮性的擔憂。

「我並不知道它會如此令人沉迷。（中略）智慧型手機螢幕的背後毫不誇張地有1000名的工程師，他們無所不用其極地讓人們極度沉迷。**就像是把行為科學的古柯鹼散播在螢幕中，這就是讓人想要一遍又一遍觀看的原因。**」

這麼說來，小小的努力看來是難以與之抗衡的。這簡直就像是在一棟用巧克力打造的房子裡減肥一樣。

但是，其實還是有一些對策的。只需要妥善地與智慧型手機打交道就好。

在本書中也會介紹一些技巧，讓你不會中了他們的計。

> **POINT**
>
> 「**不要看智慧型手機**」只是說好聽的。
>
> 要知道不能期望光靠努力，就戰勝智慧型手機的誘惑。

一旦提升專注力，
生產力和生活品質也會提高

鍛鍊專注力，即可用2小時做完8小時的工作

美國印地安那大學的調查顯示

高度專注的人，生產力會提高400％以上。

▼ 我們為什麼需要鍛煉專注力？

說起來，我們為什麼需要鍛煉專注力呢？

我是這麼想的：「**鍛煉專注力即是『掌握幸福人生的護照』。**」

暢銷書《人生4千個禮拜》（奧利佛・柏克曼著，繁體中文版由大塊文化出版）中有段文字就在表達這樣的意思：「人的一生比我們所想的要短暫。即使活到80歲也頂多4000個星期。哪有閒工夫去把毫無意義的事情做好。」

很多人都贊同這樣的觀點，我也是大為欽佩此觀點的人之一。

但我要在此提出反駁：「不做沒意義的事就好了嗎？我們在職場中，有時即使覺得毫無意義也必須做。況且還有上司的指示，和與相關人員間的協調……。」

實際上，如果你在亞洲文化的組織裡做事，很多工作上的事情是無法按照自己的意思去做的。

儘管如此，還是有「從中獲得自由的訣竅」。

那就是本書所介紹的提高「專注力」。

▼ 專注力提高後產生的效果

首先，所謂集中專注力的狀態，到底是一個怎麼樣的狀態呢？

我是這麼認為的。**將專注力集中於特定任務上「一段時間」而沒有分心。**想像起來就是無論周遭的動靜如何，完全不為所動，全心投入其中到幾乎忘了時間，使得工作迅速進行的狀態。

研究發現，提高「專注力」不僅能提高工作效率，還能增進生活的品質。在這邊讓我分享一個有趣的研究。

二○一二年美國印地安那大學針對63萬人所做的**調查中得出一項結論：具有高度專注力的人，生產力會提高400%以上。**

這意味著可以用2小時做完原本需要耗費8小時的工作。

事實上，我自己也親身感受到這一點。

坦白說，以前的我是個拚命加班的工作狂，以至於身邊的人都為我感到擔心⋯⋯。

但自從我學會提高專注力的方法後，生活完全為之一變。

即使是從事業務工作時期，我也不再加班。但我卻獲得全國業績第1名的表揚。

現在，我一年有2百場的培訓課。但仍保持早上會去健身房運動的習慣。

我以一年5本的頻率出版書籍，但也不忘經常更新YouTube。

我會一次休3個星期的長假，與家人團聚，並一起去打高爾夫球。但在我記憶中卻幾乎未曾感到有「啊！忙死了」這種的負面情緒。

我相信只要提高專注力，任何人都能做到這樣的境界。這是曾經讓周圍的人擔心的我，從自身經驗所得到的確切信念。

POINT

只要提高專注力，就能從忙碌中解脫，能夠去做「自己想做的事」。

當試圖同時做2件事時，專注力就會頓時下降

「多工效率高」是騙人的

× 我確定會餐家
　與○○○的會議。
　↓
○ 參加

「多工（Multitask）」

就是單純在做任務切換（切換作業）而已。
錯誤會增加，專注力則降低。

▼ 著名的小丑實驗

讓我們先理解一件事：「**人無法同時做2件事**」。

美國西華盛頓大學所做的一項實驗，可為這句話提供參考。

實驗中讓一名裝扮誇張的小丑騎著獨輪車穿越校園的廣場，並調查有多少比例的人會注意到小丑。

研究人員訪問廣場上的350名學生後得到的結果如下：

- 正常走在廣場上的人——全部都有注意到小丑。
- 邊走邊講手機的人——只有8％的人有注意到。

光只是講手機就會讓專注力下降到這種程度，著實令我感到非常驚訝。

那麼，你想不想自己也實驗看看？

可以利用哈佛大學研究室製作的影片來檢視。

請在網路上搜尋「selective attention test」，這是由丹尼爾・西蒙斯（Daniel

Simons）博士發布的YouTube影片。

你會找到一群年輕人在電梯前傳接籃球的影片。先從「穿白色T恤的人互相傳了幾球？」這類問題回答起。接下來還有其他問題，但因為講出來就會透漏題目了，所以我只說到這裡。

這是最適合讓你自覺到「我果然也沒辦法一心二用」的影片，請務必試驗看看。

我可以回答出傳接籃球的次數，但之後的問題便答不出來了。

● 人無法一心多用

有識者說，多工（Multitask）是提高工作效率的捷徑。

但那其實是誤解了多工的意思。這一句的說明不夠完整。

所謂的多工，只是單純在進行任務切換（切換作業）罷了。我稍後會解釋，其實我們腦部的構造一次只能處理「一件事情」。

你有過在會議上一邊跟人交換意見，一邊偷偷回覆電子郵件的經驗嗎？

這其實只是你停止了「交換意見」，改去執行「回信」的任務。但有件事需要進一步釐清。

這時是你對主要任務「交換意見」的專注力下降，而分心去「回信」，因此回覆的郵件內容中出現錯字的可能性會變高。

因為腦部在構造上是無法迅速切換任務的。

工作確實會完成。但你會發現這不是正確的時間利用方式。

首先，讓我們理解「一心多用是不可能的」。

有了這樣的理解後，本書要為各位介紹多工時應該要注意什麼和如何面對多工的狀態。

POINT

當你「一心多用」時，專注力會急遽下降。

我們能夠同時處理的資訊比想像中的還要少

為什麼會發生「忘記放到哪裡」的情況？

工作記憶

「工作記憶」

為記憶的工作台。
可存放的資訊平均為數字5個、文字6個。

▼ 認識工作記憶的極限

為什麼多工會導致腦部的表現下降這麼多呢？

那是因為它超過了腦部中「工作記憶」的極限。

所謂工作記憶指的是暫時存放資訊的「記憶的工作台」。

想像起來就是我們在做DIY時會用到的「工作台」。

你是不是會把榔頭、螺絲釘、螺絲起子等的工具，事先拿出來擺在工作台伸手可及的地方呢？而不會每次都要特地走到遙遠的倉庫去拿吧？

我們在進行某項作業時也是如此。如果要一一去長期記憶（倉庫）提取資訊的話，需要花費很多時間。

因此才會把需要的資訊留在工作記憶裡。

可是，這裡會遇到一個麻煩。

這個工作記憶的容量比我們想像的還要小。平均只能存放6個單位的訊息（數字的話是平均5個、文字的話平均6個）。

讓我們來做個實驗。請記住以下的數字。

【第1題】14142121356

【第2題】0120843610

分別是9個數字和10個數字。如何呢？記得住嗎？我自己是記不住的。

▼ 如何廣泛利用工作記憶

可是如果你知道這些數字是文字遊戲，應該就能輕鬆地記住它。

14142121356是$\sqrt{2}$的近似值，中文的背誦口訣是「意思意思而已想我囉」。

0120843610是起源於大阪的中古車收購店Upohs的電話號碼，日文的

背誦口訣是「free dail Ha-Yo-Mi-Ro-Wa-Re（「0120」是日本免付費電話〔free dail〕的開頭碼。整句的意思是免付費電話快來看我）。

現在你是不是記得住了呢？

因為這是把多個訊息整合成一個，以突破平均只能存放6個訊息的工作記憶容量極限，也就是一般所說的「塊狀化」，所以比較容易記住。

多工就是一種試圖把更多訊息擺在狹小的工作台（工作記憶）上的行為，但因為實際上硬擺還是會放不下，結果就是效率會降低。

為了提高專注力，首先必須妥善利用這個「狹小的工作台（工作記憶）」。為此有各式各樣的方法，本書稍後會介紹到。

POINT

工作記憶比我們想像中的還要小。

平均只能記住6個訊息。

透過有實際認證的 3個技巧提高專注力

提高專注力的「3個技巧」

任務

環境

習慣

「習慣」、「任務」、「環境」

不要試圖嘗試全部的技巧，選擇自己適用的付諸實踐。

▽ 光有理論並無法實踐

我是個教導人如何提高生產力的實踐家。

然而，我並不認可介紹經驗法則和表面技術的做法。

畢竟，我的使命就是閱讀有關專注力的眾多書籍、論文，並分享在實踐場域如何有效運用這些有實際認證的技巧。

此外，我也不會要別人根據研究結果原封不動地付諸實踐。

「不使用智慧型手機」、「打造一個不受干擾的環境」，就理論而言雖然正確，然而在親身貫踐時肯定會感到受挫。

第2章以後我將為各位介紹具有實證效果而且務實的方法。

具體來說，我將穿插著介紹以下3種實踐的技巧。

「習慣方面的技巧」——日常的小習慣可以養成提高專注力的體質。這方面會介紹一些立刻能做到的習慣以提高專注力。

「任務方面的技巧」——有些工作確實令人提不起勁，例如：文件製作、回覆大量電子郵件等。將會介紹一些不受當下幹勁或心情左右而能保持專注的方法。

「環境方面的技巧」——已有許多證據指出環境會影響人的專注力。本書會介紹當中一些在親身實踐時馬上能使用到的技巧。

▼ 不必「全部」嘗試

本書會為各位介紹許多技巧。

但請不要全部都做。這是因為每個人之間會存在著個別差異。

比方說，有人工作時喜歡聽著背景音樂，也有人在無聲的環境中比較能專注。

我建議的做法是，**從自己覺得「想嘗試看看」的技巧做起**。我會說明什麼樣的人適合該項技巧，還請各位多加參考。

排出優先順序後，先試試看排在前1～3個的技巧。

一旦決定要做，就要持續一段時間。

這肯定比東做一點、西做一點，更能對提升專注力帶來影響。

再者，縮小實踐的範圍也是提高專注力的技巧之一。

POINT

鎖定1～3個適合自己的技巧去實踐。

因為每個人有個別差異，所以不要盲目相信研究結果。

專注有「4種模式」

在這之前已經先跟各位提過，有研究指出專注力一旦提高，生產力會上升400%。

有項研究可用簡單易懂的方式解釋其中的原因。

那就是英國倫敦帝國學院的羅伯特・利奇（Robert Leach）教授等人發表的「4種專注」。青砥瑞人所著的《4 Focus 頭腦清晰的4種專注》（暫譯，KADOKAWA）中，對此有詳細地記述，有興趣研究的朋友不妨參閱該內容。

談到專注力，我們往往以為就是「不左顧右盼，集中專注力於一件事情上」，但只是這樣並不足以提高生產力。**善加運用以下4種的專注模式才是提高生產力的捷徑。**

首先讓我們來認識這4種專注模式吧。

第1種專注模式是「初階專注」。

- 意指專注力集中於眼前的任務。即一般所說的專注。
- 想像起來就是「不左顧右盼，集中專注力於一件事情上」。

第2種專注模式是「銘印專注」。

- 意指集中精神深入思考。
- 想像起來就是深思細究，「尋找解決問題的方法」、「思考本質」、「啟發思考靈感」這類的專注。

第3種專注模式是「俯瞰專注」。

- 意指縱觀全局並運用「直覺」的專注。
- 想像起來就是「快速翻閱書本，瞬間掌握要點」、「被要求製作文件時立刻知道『重點』是什麼」這類的專注。
- 它是建立在「記憶」和「經驗」的基礎上，因此有必要對該領域熟練到一定程度。

第４種專注模式是「**自在專注**」。

- 即做白日夢、自由發揮想像力的狀態。
- 想像起來就是「洗三溫暖時忽然想通了，煩惱迎刃而解」、「旅途中眺望著風景時靈光一閃想到什麼點子」這類的專注。

本書主要要介紹的是最基本的「初階專注」。

不過，了解如何使用「銘印專注」、「俯瞰專注」跟「自在專注」的模式將能幫助你更進一步提高生產力，所以也會以專欄的形式介紹這些專注模式的實踐方法。

第 **2** 章

IQ變高！有助於提升

腦部專注力的「習慣」

完成一件任務後就像
推骨牌一樣繼續下一個任務

將「目標」具體化到
列出個別行動

> 行動 1
> 星期一，上網查業界資訊
> 行動 2
> 星期二，向前輩請教網路上
> 沒有的資訊
> ⋮

美國紐約大學的研究顯示

事前如果計畫好「什麼時候要做什麼事」，
目標達成（完成）率會上升40%。

▼「具體的目標」比「模稜兩可的目標」好

不管執行任何任務都有可能會發生「中途鬆懈」的情況。

針對此情況的因應之道，是先清楚設定「什麼時候要做什麼事」，再開始著手執行。

藉由這樣的做法，你就能像推骨牌似一樣接一樣地完成手上的任務。

此時美國心理學家洛克（Edwin A. Locke）所提出的「目標設定理論」會很有幫助。

這項研究證實了設定「具體的目標」，而不是「盡最大努力」這類「模稜兩可的目標」，更能夠幫助你完成任務，即便那是高難度的任務。

舉例來說，假設你要製作一份多達30頁的企劃書。

這可是件相當辛苦的工作，稍有鬆懈可能就趕不上截止期限。

那麼，你認為接下來列出A跟B兩人的做法，哪一個是可以確實完成的做法呢？

A：明確定出「要在這星期內做完」的期限後再開始做。

B：制定詳細的計畫後再著手製作。

星期一，上網查業界資訊。

星期二，向前輩請教網路上找不到的資訊。

星期三，著手製作。完成15頁。

星期四，製作剩下的15頁。

星期五，檢查之後以電子郵件傳給客戶。

在這個例子中，正確答案是B。

▼ 定出「什麼時候」、「做什麼事」

紐約大學心理學教授彼得・戈爾維澤（Peter Gollwitzer）曾發表過一個結論，**只要**

事前規劃好什麼時候做什麼事，目標達成（完成）率就會提高40％。

因為完成一項任務後不用再去分神思考「接下來要做什麼」，便能如同推骨牌一般緊接著手執行下一個任務。

比方說，「星期一上網查完資料」，接著馬上「向前輩請教」。

再緊接著，「請教」完後立刻「著手製作企劃書」。

首先，讓我們平時在採取行動前，連「做什麼」之類的執行層面也要設定好，而不只是定出「什麼時候」要完成的期限。

> **POINT**
>
> 如果在著手做之前先設定好「什麼時候要做什麼」，達成率就會提高。

多工作業
反而會降低效率

多工作業

出錯率

單工作業

正確度
速度

不論任何時候
都要貫徹只做單工作業

「皮質醇（Cortisol）」

即壓力荷爾蒙。
在執行多工作業時，不僅出錯率會增加，
還會促使身體內分泌出這種荷爾蒙。

◉ 「看似在聽，其實沒聽進去」的機制

開會時一邊聽著別人的發言，卻也一邊偷偷地查看電子郵件……。

在製作資料的同時，也在確認今天的預定事項……。

當你忙碌時，是否會忍不住同時做好幾件事呢？

如果是的話，那可要多加小心。

你要明白，這是一種典型的看似有效率，其實效率很差的做事方式。

因為經過實際驗證已經知道，我們人類腦部的工作記憶容量其實很小，只能專注於一件事情上。所以如果同時做2件事就會超過它所能承受負荷，陷入以下的狀態：

・出錯率增加。

・運用資訊的能力（稱為知識轉移）降低。

的確，當我們在會議中偷偷查看電子郵件時，即使主持會議的人問說「有沒有什麼

疑問？」我們也頂多只是回答「目前沒問題」。

但是，如果被問到：「你認為在實務現場能怎樣運用？可否提供２個左右的點子？」應該就會回答不出來了。

而這就是你無法集中專注力的證據。

所以，為了確實集中專注力，我們有必要抑制想同時執行多項作業的衝動，堅持「單工作業」。

關於這點我要懺悔，不久前自己也才剛發生這樣的事。

在一邊吃早餐、一邊聽聲音版（Audiobook）的日經新聞時，聽到有個關於我客戶的報導。雖然是不自覺的，但我應該很專心在聽那則新聞，以至於把正在料理的魚整個煎焦了。

▼ 執行多工作業很容易心浮氣躁

我再補充一點，研究也已經證實，當我們同時處理好幾件事情時會產生負面情緒。

因為這會促使體內分泌一種叫「皮質醇（Cortisol）」的壓力荷爾蒙。

試想當你在家工作時，小孩如果開始吵鬧，你會怎麼樣？應該沒辦法心平氣和吧？

在有識者中也有一些人主張「要在不會被打擾的環境中工作」。

這確實有它的道理，但以日本的居住環境來說，要完全照做應該不實際吧？既然如此，我認為當環境吵鬧時「暫時停止工作，休息一下」才是上策。

POINT

如果你想專注在工作上，請下定決心——不要同時處理多項任務。

要下定決心
絕對不要「切換任務」

要抵擋「任務切換」的誘惑

美國南加州大學的研究顯示

分心只需0.1秒,但恢復專力卻需要23分鐘。

▼「一下下」的誘惑

我們常會對下列突如其來的刺激做出反應。

「在電腦上作業時突然對紊亂的桌面感到在意，因而收拾了**一下**。」

「製作資料做到一半突然擔心起電子郵件，查看**一下**信箱。」

根據美國南加州大學的研究證實了。

然而，**要恢復原本的專注狀態卻需要23分鐘。**

專注力分散只需0.1秒。

既然如此，我的提議如下：

請盡可能避免切換任務。

在二〇一七年奧斯卡頒獎典禮上，發生的不尋常騷動無疑為我們展示了任務切換是

多麼的危險。

當時獲得最佳影片獎的電影是《樂來越愛你》。
在全場的掌聲下，所有相關人員都登上舞台了。

他們在一片叫好聲跟鼓掌聲中，導演跟演員依序發言表達內心的喜悅和感謝，就在
這感人的時刻不尋常的事情發生了。

舞台上開始有點鬧哄哄，同時主持人也慌張地如此宣布：

「不是《樂來越愛你》，是《月光下的藍色男孩》才對。最佳影片是《月光下的藍
色男孩》。搞錯了！」

場內一片譁然。

這是名留史冊、令人印象深刻的罕見事件。

▼ 在SNS上發文當然也是任務切換

事後調查得知，當時負責將信封拿給主持人的工作人員在後台做了任務切換。

原來該工作人員在交付信封前，正在 X（原Twitter）上發文。

事情的始末是這樣的：

- 他在X上發布頒獎典禮的實況。
- 發布到一半時去執行交付信封的任務。
- 結果拿錯了信封。

正確地交付信封這點小事，理應連小孩子都做得到。

但因為在那之前他原本在發文，才沒有順利切換任務（這次罕見的事件也被公開在 YouTube 上）。

POINT

封印「只是一下下」的念頭。下定決心不切換任務。

消除分心的煩惱

若有事讓人分心，就把它寫在紙上

啊，對了！

☐ 給上司
　回電子郵件

☐ 訂購墨水

☐ 預約明天的
　　會議室

☐

「Parking Lot」

腦中如果閃過與工作不相干的念頭
就寫在紙上，以防止任務切換。

▽ 1 張紙就讓專注力集中不分散

即使是修練到極致的僧侶也總會有煩惱。據說，在煩惱浮上心頭時，讓人用板狀的警策棒用力拍打可使自己恢復平靜。

不過，我們不可能請上司用警策棒鞭策我們。

因此，**要介紹的是一種利用「Parking Lot」使自己恢復平靜的方法。**

讓我解釋什麼是「Parking Lot」。

它的意思原本是停車場，但其實在這裡講的是會在會議中使用的一種技巧。當出現偏離議題但又不容忽視的意見時，先將它記在白板上，這種技巧就叫Parking Lot。

所以此做法就是將這種手法應用到個人的工作上。

我們在工作時，一定會有腦中忽然閃過諸如「啊，對了！得發電子郵件給那家公司」之類，與手頭作業無關的念頭而使得專注力分散的時刻。

這方法就是當下先把它寫下來。記在一張紙上也OK。

這麼一來，在當下就不必分神去思考「該怎麼寫那封信好呢」之類的事，所以不會導致專注力分散。

如何避免浮現「覺得只是一下下而已，沒關係」的念頭而切換任務，是保持專注的試金石。

我工作時也會經常想到別的事，每次想到就立刻把它寫在隨身攜帶的記事本上。記事本便成為我的Parking Lot（停車場）了。

▼ 煩惱比我們所想的要難纏

不過，我們真的能夠靠理性就遏止煩惱嗎？

結論是「只要我們還活著就不可能」。

根據學習心理學的研究，我們人類具有認為「現在」比「未來」更有價值的傾向。

這種心理效應被稱為「時間折扣（Delay discounting或Temporal discounting）」，即

認為愈遙遠的未來，價值愈低。

換句話說，認為「現在回信」比「稍後回信」更有價值，是我們基於本能的偏好。

既然如此，我們就要利用這種偏好，將「現在馬上記下來（Parking Lot）」設為具有價值的選項。

我也曾這麼做。在親自嘗試之後，我確實感受到自己能克服強大的誘惑。

POINT

腦中雖然閃過與作業無關的念頭，但只要記下來，仍舊能保持專注。

作業要「化零為整」

類似的作業要集中一起做

確認電子郵件

調整日程表

日程表OK！

回覆電子郵件

任務切換的壓力

集中一塊處理可以讓你擺脫
「這個也要做、那個也要做」的壓力。

▼ 任務處理要盡量「一筆劃」完成

前面已經談過，執行多工作業會導致專注力急遽下降。

因此，保持專注力的關鍵就是依序處理任務，而當在這種時候也有一套理論可以提高人的專注力。

那就是「類似的作業集中一起做」。

當回顧你的一天，是否發現自己分別在不同的時間點做著類似的工作呢？

比方說，電子郵件就是這類工作的其中一種。假設你查看收件匣，發現裡頭有好幾封電子郵件。這時你要「集中一起處理」，而不是只檢查信件。例如像這樣：

• 查看電子信箱。

• 當下可以馬上回信就立刻處理。

• 如果需要調整日程表就當場調整，並立刻回信。

• 假使馬上回信有困難，當下先記在日程表上，以免忘記。

就是像這樣「**化零為整**」，盡量「**一筆劃**」地完成任務。透過這種方式可以讓你擺脫「這個也要做、那個也要做」這類任務切換的壓力。

● 可以「化零為整」的工作例子

接著再介紹一個例子。當會議要結束時可以像這樣應用：

- 會議結束。
- 在結束的時候當場決定下次會議的日程。
- 同時預約好會議室。
- 會議結束後馬上整理好會議紀錄，再透過電子郵件發送「會議紀錄」以及「下次會議室的資訊」。

這方法也可以用於銷售。雖然每天都要與客戶洽談業務，但如果「化零為整」，就能進一步提高專注力。

・商談後走出客戶的公司。

・一出來到馬路邊，就用智慧型手機向客戶發送感謝信。

・並且當場用智慧型手機向公司回報結果。

覺得這樣的做法如何呢？如果是分別處理這些作業，可能在開始做的時候要花費額外的精力去回想「那件事後來的結果是怎樣啊⋯⋯？」之類的。

請務必養成習慣將作業「化零為整」一次做完。

POINT

分別進行類似的作業得花費額外的精力。

集中一起處理將能提高專注力。

不使用工作記憶的話
就能一心多用

「流程檢核表」

把待辦事項先寫下來就能釋出工作記憶。

實在想多工作業就要
夠「熟練」或利用「檢核表」

CONCENTRATION
HACKS

▼ 同時處理13人份點單時的「腦內風景」

前文中告訴大家要徹底排除多工作業的情況。

但是，光這樣說並不足以解釋一些情況。

家母以前曾經營過一家咖啡廳。

有一幕場景我至今仍記憶猶新。她曾經一人同時處理13人份的訂單。

她一邊做蛋包飯，一邊用另一把平底鍋烹調義大利麵，同時還用放在身後的烤麵包機烤吐司，並沖泡咖啡、接受客人點單等……。

正是所謂的多工作業（同時處理多項任務）。

事實上，多工作業要真的派上用場，只有在符合1項條件時。

那就是「熟練到能夠下意識地完成任務」。

如果夠熟練，能在不知不覺間做到，那麼多工將會帶來生產力的提升。

我要解釋一下。

這種下意識地完成任務、完全沒在思考的放空狀態，就是進入所謂的ＤＭＮ（預設模式網路，Default Mode Network）。

把它想成幾乎沒使用工作記憶的狀態，就會比較容易理解。

駕駛汽車也是如此。

踩離合器、打排擋，同時轉動方向盤……。

即便是一開始感覺像特技的複雜操作，久而久之便熟能生巧，能夠在不自覺的情況下開車。如果是這種狀態，即便是多工作業也沒問題。

● 靈活運用「流程檢核表」

我以前曾擔任過徵人廣告的業務員。

每到截止期限前，我每天都在連一個字也不能出錯的情況下寫文案，同時與其他客戶核對文字，並向登記部門提交另一位客戶的申請書（合約）。雖然這無疑就是多工的狀

態，但即使剛進公司的菜鳥也能完成這一系列的工作。

這是因為有「流程檢核表」。

也就是透過記錄下「做什麼事到什麼程度」，就不需要靠記憶，而能擺脫工作記憶的限制（和Parking Lot一樣的思維）。

這麼做也會讓你在執行不需要純熟技術的任務時能夠多工，即使對該任務並不熟練。

相信也會面臨到實在不得不進行多工作業的時候，比如臨近截止期限時。這時準備一張「流程檢核表」也會很有效。

POINT

禁止同時處理多項任務是基本原則。但已熟練的作業例外。

即使還不熟練，只要做到檢核流程就能夠應付。

愛惜能量的話，比起夜晚趕工，不如留待早晨處理

早上工作真的會提高效率！

生產力上升5.2倍！

「能量預算」

人的能量和預算一樣。

在意志（能量）尚未消耗的早晨更能專注。

▼ 「能量預算」的概念

由美國南達科他大學行為經濟學家X.T.王以及心理學家羅伯特・德沃夏克（Robert Dvorak）提出的「能量預算」概念，給了我們一個可以提高專注力的線索。其概念的內容如下：

- 能量（意志的強度）是專注力的來源，它和預算是一樣的。
- 因此，有能量時可以集中精神全速工作。
- 不過，累了就要像節省開銷那樣進入節約模式。

既然如此，如果要在專注力更高的狀態下工作，「什麼時間」會比較好呢？

最適合的就是一天中「意志（能量）」尚未耗盡的「早晨」。

我自己也是如此做的。不出所料，早晨的專注力比晚上好。

順帶一提，我寫這篇文章是在清晨的4點45分。前一天就先決定「好！明天要專心

寫文章」，便在晚上9點便上床睡覺，所以今天比平時更早起床寫作。

事實上因為是清晨時沒有做其他事，所以「意志（能量）」滿檔。現在仍然在沒有

背景音樂、無聲的狀態下繼續埋頭寫作。

如果早上爬不起來，也可以不用那麼早起。

最好在「意志（能量）」尚未耗盡的時候——**在「上午」做你想專心做的事。**

▼ 伊藤忠商事的奇蹟

伊藤忠商事的網站首頁上登載了一則有如奇蹟的訊息。

二〇一三年因實施早班制，**生產力因而上升了5.2倍（二〇一〇～二〇二一年）**。這

是我從未聽聞的數字。

更有甚者，日經商業雜誌（二〇二二年・十月）報導了伊藤忠商事的奇蹟，文章中

指稱因實施「早班制」，**使得「總和生育率」（代表一名婦女生育子女的總數）激增，二**

〇〇五年成長0・67倍，二〇二一年成長1・97倍。

「伊藤忠商事的早班制概要」※參考自官方網站

· 晚上8點～10點原則上禁止工作；晚上10點～翌日5點禁止工作。剩下的工作留到翌日早晨。建議早班上班時間為5～8點。

· 7點50分以前開始工作的話，將比照大夜班發給加成工資（25％）。

這就是生產力提高後的結果。

的確，當你身體力行「早起」的生活形態，你會驚訝地發現自己竟能如此專注。請務必嘗試看看。

POINT

「意志（能量）」和預算一樣。

若想集中精神，建議在預算充足的「晨間」工作。

配合你的時型，
專注力就會提升

在自己的「最佳時段」工作

清晨型

中間型

夜晚型

「時型（Chronotype）」

即清晨型還是夜晚型的個體差異。讓工作時間
與自己的時型一致，將會提升工作表現。

▼ 是「夜晚型」還是「清晨型」因人而異

我剛才告訴大家「早晨」的時間比較能集中專注力。

但其實這其中還是存在著個體差異。

在保持專注力上，重要的是徹底了解自己是「清晨型」還是「夜晚型」的人。了解之後，當工作沒做完時是要「隔天早上再做」好呢？還是「就繼續埋頭做完」比較好呢？建立出自己的作業方針很重要。

不過它確實會隨著年齡而改變，但事實上，一個人是「清晨型」還是「夜晚型」，是取決於他的基因。這樣的個體差異被稱為「**時型（Chronotype）**」。

東京醫科大學的官方網站介紹了一篇十分有趣的研究論文。

・清晨型的人如果晚睡，生產力會降低。

・夜晚型的人如果早起，生產力會降低。

而且還有一段這樣的敘述。

- 一旦從事違反自己時型的工作，如清晨型的人上「大夜班」、夜晚型的人上「早班」，會產生各種健康上的問題，比如罹癌風險增加、死亡率上升等等。

「上午生產力高」、「擅長時間管理」的人屬於清晨型；如果是「傍晚引擎才開始啟動」、「到了晚上仍然能集中專注力」的話，應該可以視為夜晚型。

▼ 你屬於何者？

《什麼時候是好時候》（丹尼爾‧品克著，繁體中文版由大塊文化出版）裡有項研究很值得參考。即時間生物學家瑪莎‧梅洛（Martha G. Mellow）和提爾‧羅恩貝格（Till Roenneberg）所做的研究。

- 清晨型占 14%（假日睡眠時間的中間時刻是 0 點到 3 點半）。
- 中間型占 65%（假日睡眠時間的中間時刻是 3 點半到 6 點）。
- 夜晚型占 21%（假日睡眠時間的中間時刻是 6 點以後）。

首先，不妨先了解你的時型屬於哪一種類型，再據此判斷沒做完的工作要「留到隔天早上」還是「繼續做下去」。

另一方面，年齡是僅次於基因的影響因素。隨著年歲增長人會愈來愈早起，所以也可以依自己的年紀做調整。

讓工作時間與時型一致稱為「同步效應」。

專注力無法集中時，不要一味地勉強硬撐，不如去發覺自己的最佳工作時段。像我就會刻意留到早晨再做。

POINT

一個人是「清晨型」或「夜晚型」取決於基因。了解自己的類型，再決定「剩下的工作」要什麼時候做，也是提高工作表現的關鍵。

首先目標是睡眠7小時

6小時的睡眠無法讓專注力提升到最大限度

〈 工作記憶的活躍度 〉

降低的程度等同於熬夜2天的人

降低的程度等同於熬夜1天的人

OK

美國華盛頓州立大學的研究顯示

一旦連續多日睡眠少於6小時，就等同於酒醉一樣。
不過也存在個體差異。

▼ 睡眠不足跟酒醉一樣？

美國史丹佛大學的心理學家凱莉・麥高尼格（Kelly McGoniga）在她的《圖解史丹佛大學的自我改變課》（繁體中文版由先覺出版）書中如此寫道：

「不到6小時的睡眠會弱化你的腦部。」

確實，我們應該都實際感受到睡眠不足會削弱人的專注力。那麼，我們應該要睡多久好呢？

美國睡眠醫學會建議一天要睡7小時以上。

此外，我還要為各位介紹一項證實這說法的有趣研究。

美國華盛頓州立大學的漢斯・凡・當根（Hans Van Dongen）教授，是研究睡眠與工作表現相關性的專家，他的研究令人震驚。

・首先，分成3個群組。

（睡眠時間分別為「8小時」、「6小時」和「4小時」的3組人）

- 正常生活14天後，測驗工作記憶的活躍度。
  ↓4小時睡眠組的工作記憶能力——降低的程度等同於熬夜2天的人。
  ↓6小時睡眠組的工作記憶能力——降低的程度等同於熬夜1天的人。

這就說明了，為什麼睡眠不足就像是酒醉的狀態。

▽ 也存在著個體差異

但肯定也有人的體質是「沒辦法連續睡7小時」。

所幸日本厚生勞動省的官方網站上，有則令人安慰的訊息——

「**睡眠時間存在個體差異。白天感覺不舒服才是問題。**」

因此，假使你嘗試睡7小時，但不用鬧鐘叫醒你，只睡了6小時**就感到神清氣爽的話，那大可不必在意沒有睡好睡滿**；但如果是等到鬧鐘響了才勉強起床，並且感覺身體很沉重的話，就應當重新評估你的睡眠時間。

話雖如此，但日本厚生勞動省的調查指出，30～40％的成年人（3人中有1人）竟然都有某種形式的失眠症狀。不過，對此有以下的一些對策：

- 小睡一下——即睡午覺15～30分鐘。它已被證實可有效恢復專注力。
- 建立睡眠儀式——「入浴」、「運動」也被證明具有改善睡眠的效果。

以我的情況來說，在預計要晚上9點就寢的那天，會去上「健身房」運動。而且有研究顯示，傍晚以後的運動訓練尤其會對睡眠產生有利的影響。我真心推薦這個方法給失眠的人。

POINT

首先，以睡眠時間7小時為目標（因有個別差異，此為大致的目標）。

緩慢吸吐，
以提高心率變異

稍微改變呼吸的「吐氣方式」

吸氣　　拉長吐氣的時間

日本兵庫醫科大學的研究顯示

吸氣的瞬間專注力會不集中。

▼「心跳變異性」也會影響專注力

我要分享一種「馬上」就能在「任何場合」提高專注力的方法，根據我的經驗它非常有效，且超級簡單。

就是「呼吸時拉長吐氣的時間」。

僅僅這樣，專注力就會大大提升。

澳洲麥覺理大學的研究告訴我們，心臟的「心跳變異性（Heart rate variability，心跳間距的差異變化）」可能是提高專注力的關鍵。

除此之外，美國史丹佛大學的凱莉‧麥高尼格也如此建議：

‧一分鐘呼吸4～6次，每次10～15秒。

‧這麼做曾活化前額葉皮質，使心跳變異性上升。

▼ 把呼吸當成夥伴的重點

呼吸與專注力之間的關係不僅止於此。

我說了要「拉長吐氣的時間」。

不是「吸氣」，是「吐氣」。根據我的自身經驗，「慢慢吐氣」時比「吸氣」時更能感受到自己專注於眼前的事物。

這一點也已經被研究證實了。

日本兵庫醫科大學生理學的研究團隊，利用能夠拍攝3D影像的fMRI（功能性磁振造影）技術檢驗「人類腦部的活動」時，發現吸氣的瞬間專注力・注意力會被中斷。

總而言之，綜合麥覺理大學、史丹佛大學和兵庫醫科大學的研究成果，我們可以肯定地這麼說：

· 提高「心跳變異性」，專注力就會提高。

· 只是「緩緩呼吸」，心跳變異性也會提高。

- 提高專注力的關鍵在「吐氣」時，而不是「吸氣」時。

前文中提到，我在擔任徵人廣告時會同時做好幾件事。

而每當我被截止日期追著跑時，只要邊做慢慢吐氣，就會發現明明動作速度是平時的3～4倍，但感覺上卻是「周遭的一切看似變慢了」。

現在，當我因為忙碌而感到焦慮時，仍然會緩緩地吐氣。

請各位務必嘗試看看。即便在此時此地，你應該也能感受到它所帶來的效果。

POINT

只需緩緩吐氣，內心便能感覺平靜，且提高專注力。

「判斷疲勞」會導致
專注力降低

「一成不變」會帶來高度專注力

意志力

要吃
什麼呢？

去哪裡
吃好呢？

英國萊斯特大學的研究顯示

成人一天大約要做3萬5000次的決定。

▼ 「判斷疲勞」不容小覷

話說，你一天之中會做幾次和飲食有關的決定呢？

我認為最多是20次……，但根據美國康乃爾大學的研究人員表示，我們每天會做226‧7次的決定。

要吃什麼？喝什麼？用哪個杯子？倒多少的量？要用吸管嗎？在什麼地方喝？放在桌子的哪裡？

就像這樣，我們總是在不知不覺間，重複做著下意識的決定。

更甚者，英國萊斯特大學的研究指出，成人每天會做大約3萬5000次的決定，可見腦部是多麼地努力工作著。

那麼，這裡有個應當要注意的一點——**使腦部疲乏的就是，這些反覆不斷的下意識**

「判斷」。

美國佛羅里達州立大學羅伊‧鮑邁斯特（Roy Frederick Baumeister）博士的「意志力」學說為我們提供了解答。

- 做愈多判斷，「意志力」就愈弱。
- 為什麼呢？因為做愈多判斷就愈會發生「判斷疲勞」。
- 因此，如果要保存「意志力」，就應當減少判斷的次數。

總而言之，意志力就像肌肉，使用得愈多消耗就愈多。

▼ 「一成不變」的規則

因此，**如果想保持專注力，在日常生活中也要減少「判斷的次數」**。

史蒂夫‧賈伯斯、馬克‧祖克伯總是穿同樣顏色的T恤，也是為了避免去做穿搭上的判斷。

那麼，該怎麼做好呢？

首先，請堅持減少「判斷」的次數。

有了這分堅持之後，**不妨建立你自己的「規則」。**

我因為工作的關係會打領帶，但因為會需要配合客戶的企業色彩，所以沒有選色上的困擾；移動中我總會攜帶一只小手提箱，我會把它放在門口處，出門時就直接帶著它出發。裡面放著可以應付任何工作的物品，所以即使健忘如我也不會把它忘在家裡；而我製作資料的版面配置基本上都一樣。

可是，請各位不要原封不動地學我。

因為「規則」很大程度地反映了一個人的價值觀和生活方式。

所以建議各位要依據自己的價值觀、生活方式，來思考要建立出一套什麼樣的規則。

POINT

為了避免發生判斷疲勞，思考一套「一成不變」的規則。

將一撮「糖」放入口中

攝取少許的糖，就會恢復專注力

甘味劑

加糖

✗　自制力　○

美國佛羅里達州立大學的研究顯示

甘味劑並不能恢復自制力，
但糖可以。

▼ 「糖」是提高專注力的營養補充品

你是否聽說過，吃「汽水糖」專注力就會恢復？

這是因為「汽水糖」是用葡萄糖做成的，而葡萄糖具有恢復專注力的效果。要是人一直處在低血糖的狀態，專注力確實會下降。

我以前曾經進行徹底戒醣的飲食，可是一到傍晚，便感覺思考能力下降到什麼事都不想做的地步，才放棄完全無醣的飲食。

想提高專注力時，只需食用少許的糖就會有效。

當然，不是汽水糖也沒關係。即便是低血糖值的食物，效果也會立即顯現。

我曾攝取少量的麥盧卡蜜（蜂蜜的一種），它比蜂蜜更不容易引起血糖值升高（而且據說「對喉嚨很好」）。

以下為美國佛羅里達州立大學心理學家馬修・蓋利特（Matthew T. Gailliot）的研究，會讓你相信這些做法並非迷信。

- 分成2組。
- （「A組：喝檸檬水加糖」、「B組：喝檸檬水加甘味劑」）
- 進行數次「自制力」的實驗。
- 結果，加甘味劑的B組在第2次實驗的得分變差。
- 調查之下發現，B組的人們在第1次實驗中已經把能量耗盡。而能量耗盡的原因是血糖值降低。
- 這時，為了使血糖值上升，讓自制力下降、加甘味劑的B組喝加糖的檸檬水。
- 結果自制力馬上恢復。

▼ 只吃一撮糖也好，禁止空腹

除此之外，先前介紹過提出「能量預算」的美國南達科他大學的X.T.王和心理學家羅伯特・德沃夏克也做過同樣的實驗。

他們發表了一項研究指出：「影響自制力的不是血糖的數值，而是血糖值『上升』或『下降』的變化方向」。

換句話說，其實我們不需要攝取大量的糖，只要將「一撮」糖放入口中，就會提高專注力。

你也可以預期透過擺脫「空腹狀態」，來提高專注力。

空腹時血糖值會降低，所以一般認為只要吃「堅果」就能恢復專注力。

如果你正處於努力保持空腹、只喝不含熱量的飲料或是節食中等，所以克制自己忍著不吃甜食這類的狀態，不妨多一個「讓血糖值稍微上升」的方法，作為想提高專注力時的策略。

> **POINT**
>
> 只需攝取「一撮」甜食就能恢復專注力。
>
> 另外，在空腹狀態下無法集中專注力。

對於自己看過的書籍內容「會忘記」和「不會忘記」的人之差異（銘印專注）

你有這樣的煩惱嗎？

- 常常會忘記看過的書或資料的內容。
- 也常常會忘記別人說過的話。
- 偶爾連約定好的時間也忘了。

如果是這樣，你可能沒有使用會集中專注力、去深入思索的「銘印專注」模式。

事實上，在「初階專注」下，無論再怎麼集中專注力都不足以牢牢記住。

很少人知道，透過「初階專注」模式吸收的訊息，必須經過「提取」同時深入思考的過程才能被牢牢記住。

順便告訴大家，這個「提取」同時深入思考的過程叫做「**檢索式學習**」。

換句話說，能迅速牢牢記住的人和不是這樣的人，兩者的差別在於是否有進行檢索式學習。

接著讓我用記住自己讀過的書之過程來說明。

首先，假設你在不受干擾的環境下，以「初階專注」的專注力記住自己讀過的書籍內容。這時你會像下面這樣進行「檢索式學習」並以「銘印專注」來記住內容。

「作者雖然這麼說，但真的是這樣嗎？……我用自己的方式整理看看。」

「有沒有辦法將這本書中提到的方法，應用在我自己的工作上呢？」

諸如此類。像這樣用自己的方式思考之過程會增強記憶力。

假使記不住讀過的書籍內容，那麼很可能你只是瀏覽過去而已。

我也是採用這種方法。

當我要記住一本書的內容時，每讀完1～2章會在書的封底內側寫下「摘要」。

我真切感受到自己明明是那麼專注地閱讀，但對於詞彙和理論的記憶卻不如預期的

正確。

由於是摘要，不是原文照錄，所以要經過自己反芻才寫得出來，例如去想「這個重點是什麼？」、「要如何應用這方法？」、「和那件事有什麼關聯？」等等。這種行為正是在「銘印專注」模式下集中專注力。

聽人說話和聽研討會也一樣。

我深刻感受到事後復習是多麼的重要。

並不是讀完100本書就很棒。

如果沒有徹底理解內容，它就只是一個行為。

讓我們利用「銘印專注」模式來改善健忘的情況吧！

第 **3** 章

任何時候
都能加快速度的
「工作技巧」

定出一天的最後期限，
白天的專注力就會提升

如果做事拖拖拉拉，就先設定最後期限

專注力

在集中專注力時全力以赴!!

...

專注力

今天晚上6點前要做完

...

「帕金森定律」
工作量會一直增加，直到填滿
可用的時間。

● 「認真」的副作用

你是性格認真的人嗎？如果是，那請問你是否常常加班呢？

這樣的話，你可能還可以更加提升白天的專注力。

在早上開工前，請試著先決定「今天何時要下班」，再開始做事情。如果進一步把該時間記錄在手札（日程表）上，就更萬無一失了。

各位聽過帕金森定律（Parkinson's law）嗎？

這是英國歷史學家帕金森所發現的定律，意思是「工作量會一直增加，直到填滿可用的時間」。

以前的我正完全是如同這句話所形容的，只要有時間就會盡全力去做。

可是，難道只有我有過這樣的經驗嗎？

日本腦科學家中野信子女士認為，多數的日本人都有這樣的傾向。

她說：「**日本人容易感到焦慮，天生帶有謹慎基因的人特別多，超過65％的人都屬於這一類**（美國人只有18％屬於這一類）。」

而且這有地域上的差異，日本新潟市醫師會的網站上還這麼寫著：「日本海一側的居民多數天生帶有謹慎基因。」

「因為不知道接下來會發生什麼事，所以能力可及時就全力以赴。」

當我想到，這正是日本人常年與大雪、災難為鄰所培養出的優勢，於是就能同意這個說法。但若要論到是否能一直保持專注，那則是另一回事了。

假使不知為何地，總是都會把事情做得拖拖拉拉，那就需要從根本去解決問題。

▽ 即使這樣仍然做不完時

就算設定好結束時間，有時候還是會無法準時結束工作對吧？這是因為基因在作祟，真是拿它沒辦法。

遇到這種時候，我希望你能再多做一件事。

就是設定一個「必須早點結束工作的目的」。

像是「在下班途中去健身房」、「去泡三溫暖」、「和朋友碰面」、「去學校」、「去購物」等等，什麼目的都行。就是幫自己找個早點完成工作的「理由」。

實際把健身、和朋友碰面之類的理由先記在手札，就不得不早點做完了。

讓我們像這樣先設定好一天的最後期限吧！

這麼做將會讓你白天的專注力明顯為之一變。

POINT

如果想提高白天的專注力，第一步就是設定一天的最後期限。

一旦計時開始，
專注力立刻提升

20
CONCENTRATION
HACKS

想要全神貫注時，
就來計時吧

剩下10分鐘!!

「時間壓力的影響」

設定最後期限將刺激
「正腎上腺素」的分泌，使腦部清醒。

▽ 激發出「驚人的速度」

小學時，我家附近的中華餐廳「餃子的王將」，推出「30分鐘內吃完巨無霸餃子（5人份）」就免費」的大胃王企劃，我曾經去挑戰過。

我以驚人的速度將餃子掃進嘴裡，偶爾喝水方便將食物吞入……。

儘管已經超出胃的極限，但我已經吃到渾然忘我，彷彿被神靈附身一樣……。

好幾次我都覺得自己不行了……，但最後我用29分鐘吃完了。

現在回來談談工作。

如果有方法可以發揮像這種「被附身似的專注力」，各位覺得會變得如何呢？事實上，確實有方法可以輕易做到。

像比賽吃飯速度的大胃王企劃那樣，處理任務時請試著「設定計時」。例如：設定「20分鐘內要完成這項作業」之後再開始做，就能全神貫注地投入其中，宛如神靈護體。

這是心理學所說的「時間壓力的影響」所產生之效應。

藉由設定時間限制，可以刺激腦內分泌控制危機感的神經傳導物質「正腎上腺素」，使得腦部清醒，提高工作績效。

人的專注。

「當你像這樣把它變成自己的『計時賽』，必須在設定的時間內完成時，就會保持驚

「我要在Uber餐點送到前的30分鐘內完成這一頁。」

此外我要在這邊跟各位坦白，這篇文章也是在計時的狀況下寫的──

「用5分鐘解決這件事、10分鐘解決那件事。」

「1小時內要處理完這3項作業。」

我也是這麼做的，這幾乎已經成為我的習慣。事實上，我確實感覺專注力提升了。

不過有一點要多加注意。

我們只能短暫地去刺激正腎上腺素。如果長時間刺激它，身體就會感到疲勞。所以

這個做法充其量只是「此時此刻」想提高專注力時的法寶。

106

▼「附上所需時間」的待辦事項清單

我要介紹一種方法，推薦給身負多項任務的人。

請準備一份「附上所需時間」的待辦事項清單。自己將任務處理變成個人計時賽。

- 製作企劃書：30分鐘。
- 明天會議的事前會議：15分鐘。
- 回覆累積下來的電子郵件：20分鐘。

像這樣製作清單，計時以在預定時間內做完為目標，並且試著盡量在更短的時間內完成。這麼做將會讓你以戰鬥模式處理工作。

POINT

一使用計時，就能獲得令人不可置信的專注力。

處理的任務很多時，就製作「附上所需時間」的待辦事項清單。

中間多次的短暫休息
將有助維持專注力

若想持續專注5小時，請利用「番茄鐘工作法」

「番茄鐘工作法」

工作25分鐘休息5分鐘，重複4次後
做一次20～30分鐘的長休息。

▼ 只要中間有休息就能一直保持專注

在此為各位介紹能長時間保持專注的方法。

直截了當地說，就是「番茄鐘工作法」。

只要使用這種技巧，**就能保持專注4、5個小時。**我在寫作或製作講義等的文書作業時，也都是使用這種技巧。

「番茄鐘工作法」是由義大利作家，同時也是企業家的法蘭西斯柯‧西里洛（Francesco Cirillo）所發明的方法。順帶提一下，番茄鐘工作法的名稱來自西里洛所使用的番茄造型廚房定時器。

具體做法如下：

- 首先，專心工作25分鐘。
- 25分鐘過後，強制休息5分鐘。

- 時間到了再工作25分鐘，然後再強制休息5分鐘。
- 如此重複4次後，長休息20～30分鐘。
- 接著再同樣工作25分鐘休息5分鐘。
- 重複這樣的過程，就能長時間保持專注力。

在第1章已經有說過，我們的專注力只能維持20分鐘。

但如果使用這種番茄鐘工作法，因為中間會有「多次的短暫休息」，每次休息過後專注力都會被重新啟動，所以得以持續維持。

當你嘗試之下會發覺到一件事。

明明平常作業時會一而再地想要去查看是否有新的電子郵件，可是使用這種技巧反而會發揮抑制作用，提醒自己「現在不能在這裡中斷」。

而這正是番茄鐘工作法的功效。

▼ 推薦的應用程式

近來有許多番茄鐘工作法的ＡＰＰ。

不過我要推薦的是「Pomodoro Tracker」。它無需下載，可以直接在瀏覽器上依「25分鐘＋5分鐘」的時間設定提醒，相當方便好用。

除此之外，我還要推薦的一個，就是YouTube上有背景音樂的「Pomodoro Timer」。種類相當豐富。

一邊聽著海浪聲、雨聲等的白噪音（可提高專注力的聲音）、一邊全心投入作業，非常適合遠距工作時使用。

POINT

只要使用「番茄鐘工作法」，就能長時間保持專注。

假使常常忙中出錯，請設置「緩衝區」

排定計畫時，要預先排入緩衝區

緩衝區

% △	% □	% ✕

「緩衝區」

即多餘的時間。一天若有約2小時的緩衝時間
就不會手忙腳亂。

▼ 避免手忙腳亂的方法

愈是手忙腳亂的人愈是會出錯。這是因為任務切換的次數增加，每次切換時專注力都會下降。

我要推薦給這樣的人一個方法。

就是「設置緩衝區」。

緩衝區指的是「多餘」的時間。

如果以一天工作8小時來看，則大約需要有2小時的緩衝時間。

這樣一來即使臨時增加非常緊急的工作，只需利用緩衝時間處理就好，因此能夠靜下心來做事。

那麼，要怎麼樣設置緩衝區呢？

鐵律就是，在安排計畫之初，就要預先排入緩衝區。

當突然收到需要調整日程的交辦事項，或是工作上的請託時，可不能硬把時間表排得「太緊」。

請試著在調整時間時，盡可能避開預先排定的「緩衝區」。

我平時也是使用這個方法。

當然，還是需要依照不同的情況彈性處理，但有沒有事先排入緩衝區，所帶來的結果會相差甚多。

▼ 不忘提早10分鐘行動

假使你總是手忙腳亂、常常忘東忘西，那我還有進一步的建議。

請養成提早10分鐘行動的習慣。

舉例來說，要是在開會或會議上忘了什麼事時，肯定會很難專心。

如果是10點出發，那10分鐘前就要讓自己處在隨時都能出發的狀態。

如果下午2點要開線上會議，那在10分鐘前就要準備好待命。

對總是手忙腳亂的人來說，這10分鐘會是能夠集中專注力的寶貴時間。

我自己也是這麼做的，當養成提早10分鐘行動的習慣，便能靜下心來做事，不再會因為著急而忘東忘西。

不如說是，有了這10分鐘的緩衝時間，我才能用它來重讀開會的資料，想像我在會議上報告時的情況。

對提高專注力來說，擁有多餘的時間是一項很重要的條件。

POINT

在手忙腳亂的狀態下實在很難集中專注力。透過設置「緩衝區」，以及不忘提早10分鐘行動，會讓工作表現更好。

若已熟悉任務，提高「挑戰等級」會更容易進入心流狀態

挑戰等級

埋首

技能等級

即使是簡單的作業，分成2個級別就能全神貫注

「心流（Flow）」

全神貫注到忘卻時間知覺的狀態。

▼ 極致專注的「心流狀態」

各位曾經有過這樣的經驗嗎？

不知不覺便埋首其中，一看時鐘才發現「哇！已經這麼晚了」。

這種「沉浸」的狀態便稱為「心流（Flow）」。

這是由心理學家米哈里・契克森米哈伊（Mihaly Csikszentmihalyi）提出後傳播開來的概念。

那麼，我們要怎麼做才能在工作中進入「心流」狀態呢？

在此我要介紹一種可以隨時於工作時，進入心流狀態的技巧。

心流包含2個重要元素。

即「挑戰等級」×「技能等級」。透過調整這2項要素即可讓你進入心流狀態。

具體來說，即使是「無聊的工作」，也請添加一些巧思，試著稍微提高「任務難度」。藉由這樣的做法，將可以提高「挑戰等級」。

也很推薦透過先前提到過的「運用計時」以及「提升完成的水準」，來提高挑戰的等級。

另一項「技能等級」是指處理該項任務的技能高低，如果現有的技能能夠處理的話，那就OK。

▼ 調整「挑戰等級」

這麼說來，能夠隨意調整的就是「挑戰等級」。

讓我再進一步說明，該如何調整「挑戰等級」。

重要的是「目標」難度的設定。

輕鬆的目標並不能讓人進入心流狀態，這是需要有一定的困難度。

比方說，假設你要製作企劃書。

「製作一份內容比以往更加講究的企劃書」，是調整挑戰等級的一個方法。

也建議參考自己覺得「做得很好的人」的企劃書，以做出更好的品質為目標，例如「讓版面配置變得更方便觀看」、「有效地使用條列式」等等。

利用一點小巧思，你將能有計畫地進入心流，那是一種專注力提高到極致的狀態，能夠全神貫注，以至於回過頭來才發現「咦，已經過了1小時？」

不知道這個方法的話，可真的是虧大了。請務必嘗試看看。

POINT

自己若具備技能，就大膽提高「挑戰級別」吧。

藉此引導自己進入能夠忘卻時間的「心流（全神貫注）」狀態。

跟著同伴一起，
更能提升工作表現

只要有同伴，
工作表現會更好！

「同儕效應」

和「程度相同」的夥伴一起做，
工作表現要比獨自一人努力更好。

若單獨一人無法專注，
就跟「同程度」的同伴一起做

24

CONCENTRATION
HACKS

▼ 跟同伴一起做會讓表現更好

單獨一人的話，有時很容易出現難以集中專注力的狀況。

這種時候，建議你刻意到「有同伴的地方」工作。

有個知名的定律是，有同伴陪著自己一起做比一個人埋頭苦幹的表現更好。這就是「同儕效應」。

同儕（Peer）指的是年齡、地位、能力等相當的同伴。藉由彼此互相刺激，使得工作的效果提升。

讓我介紹一個由我負責的某企業之真實培訓案例。

那家公司是透過電話行銷來開發新客戶的。

有些工作在精神上是超乎想像的痛苦，而電話行銷就是其中之一。「現在不需要」、「有固定合作的業者了」，被人這樣拒絕還算是好的；有時還會遭到「你別再打來」、「不要打擾我工作」這類辛辣的話語回絕。他們設定目標，每人一天要打超過

100通這種如同苦行的電話。

不過工作進展並非一帆風順，實際上每人平均撥打不到50通的電話。

此時採行的對策就是利用「同儕效應」。

參與者有4人。他們安排「這4個人」集中在會議室裡打電話。

光是這樣就讓所有人一天都打了100通電話。

我從參與者那裡聽到的回饋是「這樣不會感到心累」、「感覺時間過得很快」。

▼ 同儕效應需注意的要點

不過，對於同儕效應也有需要注意之處。

為了發揮同儕效應的效果，所有參與的人都要具備「同樣程度」。

因為如果別人的程度比較高，就會啟動「一開始就放棄」的負面同儕效應；而如果別人程度比較低，則是啟動「隨便做做」的負面同儕效應。

所以和別人一起工作時，選擇的對象也是一項很重要的因素。

近來，遠距工作逐漸成為常態，但為了提高專注力，不妨請多考慮一下待在辦公室工作。

另外，就算彼此處在不同的地點工作時，**固定每隔一段時間「共享進度」也很有效**，我擔任業務員的時期也經常這麼做。只要想到「其他同伴也正在努力著」，就能克服一些困難的時刻。

當單獨一人撐不下去時，請試著借助同伴的力量。

POINT

單獨一人撐不下去時，只要和同伴一起就能靠加乘作用堅持下去。

想像自己是擁有
「鋼鐵般意志」的人

當你感到氣餒時，不妨依靠想像

「光是想像自己是自制力強的人，
就會增強自身的意志力。」

（美國史丹佛大學的凱莉·麥高尼格）

▼ 光是想像，意志力就會增強

但想必也有人身處的環境是很難獲得同儕效應的。

「沒有同樣程度的同事」、「始終是獨自作業」，應該也有這種情況吧？

如果是這樣的話，那麼只要靠著想像力也OK。

「想像致力於同樣的主題而且已經成功的人。」

「想像採用理想做法的人。」

研究發現，光是靠著如此想像也會有效果。

美國史丹佛大學的凱莉・麥高尼格如此說道：

「光是想像自己是自制力強的人，就會增強自身的意志力。」

當我聽到這段話，立刻想起某位考生。

那位考生很在意一位同學，這位同學是個不屈不撓「努力不懈」的人。

就是那種「會讓人想追上他」的人。但是據說兩人不是會一起用功念書的交情。

這時她所做的事情正是「想像」。

她說自己一邊想著：「那人一定會讀書讀到晚上10點」、「那人為了準備考試，這個地方一定會讀得很仔細」，一邊激勵自己。

無法獲得同儕效應時，光是靠這樣的「想像」就會產生效果，看來似乎沒理由將這個好方法拒於門外。

▼ 身邊如果沒有自制力強的人

儘管如此，如果你真的想像不出身邊有「自制力很強」的人，那麼請你這麼做。

試著想像自己「崇拜的人」或覺得「了不起的人」。

例如，「如果是那個運動員會怎麼做啊……？」

或是「如果是那個歌手，這種時候在做什麼呢？」

雖然不自量力，但我偶爾也會這麼做。

我一年講授200場培訓課程、寫40本書。除此之外，我還經營YouTube和Voicy的頻道，一週更新4、5次，所以每天都過得相當忙碌。

我也會有沮喪的時候。可是，我從朋友那裡聽過一則軼事，現在這件事成為了我的精神支柱。

「披頭四發行超過200首歌曲，平均3小時就創作出一首歌。」

可以想見，拿名留青史的歌手和自己做比較或許會被歌迷們罵，但我很感謝朋友告訴我這則軼事，它鼓舞著我：「我還可以繼續努力！」

想像是自由的。何不嘗試看看呢？

POINT

只是「想像」就能提升工作表現。

如果感到不安、焦躁，就用「GTD」消除它

不再有「這個必須做、那個也要做……」的焦慮

所有預備要做的任務

不必做的任務

2分鐘內可完成的任務

可交給他人的任務

只要做這些。

ToDo

「GTD」

Get Things Done的縮寫。即篩選該做的任務，再一項項處理的方法。

▼ 任務管理的王道做法——「GTD」

全心投入工作前，腦中是否曾經掠過這樣的不安？

「那事一定要做。」或「這事也不能不做。」

做」的焦慮。這是保持專注的絕對必要條件。

如果是的話，何不試著採用「GTD」呢？

它不僅能「瞬間」減少要做的事，而且不再會有「這個必須做」、「那個也必須

GTD是一種任務管理手法，大衛・艾倫（David Allen）在《搞定！》（繁體中文

版由商業周刊出版）一書中指出，有四成「前100大」的企業已採用此手法。

順便說一下，GTD是Get Things Done（把事情做完）的縮寫，意思是「篩選該做

的事，并然有序地處理」。

換句話說，**GTD的關鍵是一開始就縮小應做事項的數量。**

做法其實很簡單。

Step 1：先寫出「腦中浮現的『所有預備要做的事』」。

Step 2：【篩選①】刪除目前不必做的事。

Step 3：【篩選②】2分鐘內可做完的事要馬上處理，從清單中刪除。

Step 4：【篩選③】能交給別人做的事就交付出去，從清單中刪除。

Step 5：剩下的才記在「待辦清單」上。

覺得這個做法如何？

只要遵循這樣的步驟，就能消除「這個必須做、那個也要做」的不安跟焦躁，都有

記清楚怎麼做了嗎？

▼「伊庭流」的做法

請容我介紹自己的做法，謹供各位參考。我會使用Excel建立表格。

首先，寫出心裡在意的事。這部分是相同的。

之後再縮小應做事項的範圍。這部分也是一樣。

接下來，**我會在每一項任務上，寫上預估需要的作業時間。**

接著再將所有任務分成「本週的作業」、「下週的作業」、「本月的作業」、「本月以後」。

實際執行並完成任務後，我會再次更新表格。

要做的事太多時我只要試著這麼做，就會感覺「腦中的一片混亂」頓時消失，能夠專注於眼前的事情。

當然，沒有所謂唯一的方法。

請務必試著找出自己的做法。

POINT

製作待辦清單時，先篩選要做的事情很重要。

絕大多數的電子郵件
都不必在當下回信

不必立刻回覆電子郵件

收到通知立即反應

又有信了！
得確認信件才行。

集中一起回覆

下一次
查看電子郵件的時間
是11點半。

荷蘭烏得勒支大學的研究顯示

每天的任務切換次數平均為86次。
幾乎都是在查看電子郵件。

▼ 「不必立刻查看的電子郵件」會使專注力下降

你是那種不立刻回覆電子郵件就坐立不安的人嗎？

以前的我就是這樣，但我現在已不會這樣做了。

因為電子郵件是導致專注力下降的「最主要原因」。

首先，讓我從應該做的事情開始講解。

電子郵件要「集中一起回覆」，不要馬上回信。

只要這樣子做，就能夠長時間保持專注，而不會導致作業中的專注力下滑。

「專注力」的權威、荷蘭烏得勒支大學的史戴方‧范德斯蒂切爾（Stefan van der Stigchel）教授在著作《如何提高會改變人一生的專注力》（暫譯，牛頓雜誌）中記載了一項實驗。

這項實驗觀察了某個職場的員工，內容如下：

- 一天平均進行86次任務切換。其中65次是基於自己的意志。
- 調查之下發現，絕大多數都是「查看電子郵件」。
- 七成的人會在收到電子郵件後的短短6秒內做出反應。
- 不過，一旦做出反應，要花1分44秒才能恢復專注。
- 進一步細查得知，絕大多數都是「可以不用馬上回覆」的電子郵件。

換句話說，就是這種情況。

假設一天查看電子郵件50次。如果工作8小時，就是10分鐘1次的頻率。

從這個實驗的結果可以解讀成，因為以10分鐘1次的頻率查看「不必立刻查看的電子郵件」，而使得專注力下降了。

▼「每90分鐘」查看1次電子郵件就夠了

可是當訊息通知的視窗彈出時，我們沒辦法視而不見。

因此，請**事先將電子信箱的設定改成「關閉收到新郵件的訊息通知」**。

我是把電腦和智慧型手機的彈出視窗都關閉。但我每60分鐘或90分鐘會查看一次信箱，集中一起回信。

當我嘗試這麼做之後發現，即使每90分鐘查看一次也沒什麼大礙。

我反倒覺得，少於90分鐘的話不會太快嗎？而事實上，我被大家歸類成是「回信很快」的人。

當我處理手上的任務感覺累了時，會忍不住想查看電子郵件。

可是因為每90分鐘才能看1次，若決定了「下次是11點半」，就能等到那時候再查看信箱。

請務必嘗試看看這個方法。

POINT

如果想保持專注力，就集中一起回信。

即使90分鐘查看1次，依然會被認為是「回應算快」。

如果有「電子郵件疲勞」，請建立處理範本

28
CONCENTRATION
HACKS

只要儲存範本即可省下九成的力氣

/ Click ! \

30 Seconds

承蒙您的照顧，我是〇〇公司的×××。

點擊一下便自動化

· 先將電子郵件經常使用的文句設為範本。

· 不再需要花費時間打字。

· 只需這樣做，發一封信就只需要30秒。

136

▼ 電子郵件疲勞是專注力之敵

看著收件匣裡堆積的郵件，你是否有過這樣的感覺？

「又增加了……。感覺快被壓垮了……。」

慢性壓力會刺激壓力荷爾蒙皮質醇的分泌，而使得專注力降低，這已經是被公認的定論了。這也就是為什麼在「電子郵件疲勞」的狀態下，最容易引發「咦？我剛剛要輸入什麼來著……」，像這一類「粗心大意」的狀況。

事實上也有研究認為，皮質醇如果長期分泌會對腦部造成不良的影響，也被說它可能是引發失智症的契機。壓力和疲勞無疑是腦部的大敵。

因此，為了保持專注力，我們要預防「電子郵件疲勞」。

我要推薦的方法是建立「範本」。

只需這麼做，它就可以讓人免去思考文句和打字的麻煩，並且有超乎想像的效果。

我也實際身體力行，大約每30秒就能處理一封信，因此不但生理上輕鬆，而且精神上也感覺不到壓力。

實際上，商務人士平均要花6分鐘（360秒）處理一封信。所以只要建立範本就能省下九成的力氣。

▼ 建立範本的方法

具體來說只需要做以下的設定。

如果使用的是Outlook，請在「插入」標籤的「快速組件」新增「自動圖文集」。

就是將平時經常發送的郵件文本當作自動圖文集儲存起來。

做法很簡單。選取想要儲存的文本，在「插入」標籤下的「快速組件」之「儲存選取項目至快速組件庫」按一下，就能新增。

如果有事先儲存好，點擊一下就會立即顯示出文本，根本無需另外打字輸入。

如果是Gmail，請利用範本功能。

基本上和Outlook一樣。只要將平時經常發送的郵件文字和句子儲存為範本，同樣能透過點擊讓文句顯現，完全不需要打字輸入。

新增範本的方法是在Gmail上輸入文字時，點選郵件底下工具列的「⋯」，選取「範本」，再選擇「將草稿儲存為範本」。這樣就能新增範本（記得要先在「進階設定」中啟用「範本」）。

我目前建立了20個左右的範本。

我儲存了範本之後，大約只需花費2分半就能發送5封郵件。

請務必嘗試看看。預防「電子郵件疲勞」也是保持專注力的關鍵。

POINT

「電子郵件疲勞」會導致專注力降低。
只要建立範本，30秒就能發送一封信。

因疲累而「心不在焉」時，可以搖晃一下身體

「抖腳」可以提高專注力

頭腦清醒！

日本中部大學研究團隊指出

不自覺地抖動是一種「小運動」。
具有使自律神經亢奮、提高專注力的功效。

▼ 「搖一搖」就能恢復

長時間面對電腦工作，是否有時候會感到頭昏腦脹呢？這時如果能去散步，那當然很好，但總會有情況不允許的時候。

我其實有個更為簡便的方法。

請試著「抖腳」看看。相信你會驚訝地發現，頭腦變清醒了。

事實上，根據日本中部大學研究團隊的論文指出，抖腳是一種「小運動」，具有使自律神經亢奮、提高專注力的效果。

另一項研究也認為，抖腳會促進「血清素」的分泌。「血清素」是維持精神穩定和保持平常心，改善頭腦運作的神經傳導物質。

抖腳的功效不容小覷。

可是，許多人都對抖腳這個動作感到觀感不佳。

因此我建議在獨處的時候做。

坦白說，我在遠距工作時偶爾也會有「心不在焉」的時候。每當遇上這種狀況，我就會刻意搖動我的腳。

然後，很奇怪地，我的頭腦立刻變得清醒了。

站起身的生產力將上升53%

不過，有時候就算抖腳，專注力仍然無法恢復。當一個人感到疲憊時更是如此。

在此為各位介紹此時應該採用的一招。

就是「站起身工作」。

當站起身工作，實際感覺到的效果會更加神清氣爽。

美國德州Ａ＆Ｍ大學做了一項獨一無二的研究。

他們針對電話客服中心的167位員工進行為期6個月的調查。

他們將所有員工分成使用電動升降桌和一般辦公桌這2組，並比較兩者的生產力，

結果發現站起身工作的那組在一個月後生產力上升約23％。6個月之後更上升至約53％。

另外，還想特別補充一下我個人的經驗。

我在公司任職時期曾經登上過公司內部刊物，該文中介紹我是「站起身工作的主管」。那年代還沒有電動升降桌，所以我是在辦公桌上疊好幾本書，以此來調整高度。嘗試之下發現，我不再會恍神，生產力也顯著提升了。

即使是現在，當我要稍微讀一點書時，偶爾也會刻意站著讀。

但並不建議一直站著。畢竟還是會累的。

建議在抖腳也無法解決精神不濟時，試著站起身以恢復精神。

POINT

若疲累了，「抖抖腳」、「站起身作業」就會恢復精神。

想「放棄」時，
試著再繼續5分鐘

恆毅力
提升

05:00

「GRIT（恆毅力）」

即堅持到底的能力。
透過不斷累積成功經驗得到強化。

30
CONCENTRATION
HACKS

若常常容易感到沮喪，請養成「再5分鐘」的習慣

● 「再撐5分鐘」會讓你更強大

接下來的建議是給那些想把自己發條上得更緊的人。

說得更白一點就是，給那些「容易沮喪」之人的建言。

「好想放棄……」、「待會兒再做吧……」，當你有這樣的念頭時，請試著養成「再撐5分鐘」的習慣。

這可以用心理學的「自我效能」概念來解釋。

所謂自我效能指的是「如果是我一定能做到」的信念，是由心理學家亞伯特・班度拉（Albert Bandura）提出後傳播開來的心理學概念。

自我效能高的人相信「只要願意就能做到」，因此即使是自己不想做的事也能徹底做完；另一方面，自我效能低的人在心累時會覺得「現在的我大概沒辦法……」，因而漸漸不願面對那項任務。

那麼，怎麼做才能提高自我效能呢？

其中一個答案就是累積「成功經驗」。

「耶！我做完5分鐘，沒有放棄喔！」

「再撐5分鐘吧。」

像這樣的事情，就是成功經驗。

首先，請試著「再努力5分鐘」。相信改變一定會發生。

因為只要徹底做完，自己就能得到「我沒有逃避，堅持到底」的成功經驗。

再怎麼不想做的工作都有其意義在。

我一直這麼認為。

▼ 把它變成提高「GRIT（恆毅力）」的機會

最後我要談一下GRIT（恆毅力）。

GRIT的意思就是「堅持到底的力量」，是由心理學家安琪拉・李・達克沃斯

（Angela Lee Duckworth）教授提出的理論。

它開始受到關注是因為暢銷書《恆毅力》（繁體中文版由天下雜誌出版）。

書中有段如此的記述：

「在研究了成功的商人、軍人、運動員之後，我們發現，人生成功的最重要因素是

GRIT（恆毅力），而非智商。」

換句話說，是不是以下這樣的意思呢？

養成「先做完5分鐘」的習慣不僅能鍛煉專注力，而且會是改變你一生的訓練。

當你感覺「快要放棄」時，不妨還是試著再多做5分鐘吧。

POINT

一旦感到「快要放棄」，再繼續做5分鐘就能鍛煉專注力。

有種方法可以1秒瞬間做出「判斷」！

（俯瞰專注）

在你的身邊是否有這樣子的人呢？

- 帕啦帕啦地迅速將書本翻過就說：「嗯，我大致都理解了。」
- 光看辦公室的氣氛就說：「這家公司可能快倒了……。」
- 只憑面試時1分鐘左右的談話就認為對方「加油添醋……。」

就是這種「1秒」就能做出判斷的人。

他們評斷事物並非僅憑一時興起。

一旦揭開謎底就會發現，他們都是使用「俯瞰專注」模式，讓直覺發揮作用。當你學會使用這種模式，工作速度會顯著地加快許多。

不過，要成為使用這種「俯瞰專注」的人，需要符合「條件」。

【學會使用俯瞰專注的條件】

- 有該領域的「經驗」。
- 日常習慣使用「銘印專注」。

想像起來就是，腦部平時就按照PDCA循環（PDCA Cycle）在運作的人更容易在「俯瞰專注」模式下工作，這樣想應該會比較容易理解。

換言之，就算你在那領域有再多的經驗，如果「做到一半就扔下不管」，也很難學會使用「俯瞰專注」。

根據我的經驗，按照PDCA循環運作將會讓你學會找出自己的「規則」。

比方說，業務工作。

回顧每一次的商務談判並仔細「查核（C）」：「是因為這樣做才成功的嗎？」、「是因為這樣才失去訂單的嗎？」、「如果是，應該採取怎樣的措施？」這麼做會幫助你建立自己的一套「規則」。這不僅限於業務工作，相信從事任何工作應該都一樣。

說是「查核」，但並不需要小題大作。

因為**當事情順利時、不順利時，或是遇上意外事件時，探究其「原因」、「共同點」**，將會幫助你建立自己的「規則」。

判斷快速的人是根據「自己的規則」，而不是僅憑突如其來的靈光一閃，來做出判斷的。

第 **4** 章

如何製造意興闌珊時的
「幹勁開關」

只要做1分鐘，
肯定會繼續做下去

START

要不要
做1分鐘看看？

10分鐘後

「作業興奮」

這是從精神科醫師埃米爾・克雷佩林的研究誕生的概念。
即一旦開始做，就會愈做愈有勁。

當提不起勁時，試著做1分鐘看看

▼ 愈做愈有勁的原因

「今天做什麼都提不起勁……」，任何人都會遇到這種狀況吧。

當你有這種感覺時，希望你能毫不猶豫地嘗試一件事。

就是**「試著做做看，即使1分鐘也好」**。

因為你肯定、絕對會持續做超過1分鐘的。

說得誇張一點，即使只是「嘗試做10秒」也沒關係。不，「只嘗試一下下」，只做到這種程度也OK。

各位是否有過這樣的經驗？

開始做的時候原本只打算做一點，結果不知怎麼地就一直做下去。

這是由於名為**「作業興奮」的心理作用使然**。

作業興奮是從德國知名精神科醫師埃米爾·克雷佩林（Emil Kraepelin）之研究所

誕生的概念。如果要粗略地解釋這個概念，就是人一旦開始從事某項作業，會愈做愈有動力，5～10分鐘後已然處在一種興奮狀態。

其原理非常簡單。先將它記在腦中沒有任何壞處。

當我們開始作業時，腦部的「依核（Nucleus accumbens）」受到來自指尖、視覺的刺激，便會做出反應。這時會分泌大量的「乙醯膽鹼（神經傳導物質）」，這種物質具有引發幹勁、提高專注力的效果。

這就是為什麼只要開始做一點，你就會感覺有幹勁。

▼ 提不起勁時，就從低難度的作業開始

這也是我會使用的技巧，並已成為日常習慣。以我為例，就如下述一般：

「還得拍攝YouTube影片……，好累喔……。不過是我自己定下的期限，也可以不管它吧……。不，不能這樣……。嗯……。」

這種時候我會試著架起三腳架，或是想一想腳本的標題，**嘗試做一點「難度較低的**

作業」。

不知不覺間，在我寫作本書的現在，我已在YouTube上每週更新4次、持續發布超過650支的影片。告訴自己「只要試著做一點，應該就會進入一種規律」，而能夠繼續下去。

即使再怎麼喜歡，常常還是會有覺得「今天好累」的時候。

這個時候如果你下定決心「不要拖延」，不妨「試著做一點低難度的作業」，之後再視情況」，一定會更有動力、一鼓作氣提高專注力。

當你感到意興闌珊時，請嘗試看看。

POINT

意興闌珊時，請試著「稍微」做一點低難度的作業。

稍微做一點可減低內心的抗拒感

抗拒感

企劃書
1 —
2
3

企劃書
1 —
2
3

只要寫
2跟3
就好！

5天後

企劃書
1 —
2
3

「減少抗拒感」

消除「抗拒」比提高「幹勁」
更能提高行動力。

（洛蘭・諾格倫、大衛・尚塔爾）

▼ 消除心理上的「抗拒」也是一種策略

當我們不想做某件事時，心裡一定會碎碎念：

「啊！真麻煩。」

以前的我就是如此。一週之中會在心裡嘀咕這樣的話幾次呢？應該有數十次吧。日後要做那件事的時候得先回想「那時候我說了什麼……？」、「那時候我在想什麼……？」、「這筆記是什麼意思……？」之類的，真令人感到鬱悶。

可是，我不曾發生過「因為提不起勁做就不做了」。

因為前文介紹的「嘗試做一點」超級有效，不過我還有另外一個「致勝模式」。

「覺得之後可能會變得很麻煩的事，要先稍微做一點。」

只需這樣做，就能減輕不少心理上的抗拒。

由美國凱洛格管理學院教授合著的書籍《心理摩擦力》（洛蘭·諾格倫〔Loran

Nordgren）、大衛・尚塔爾（David Schonthal）著，繁體中文版由三采出版），他們在書中所介紹的研究無疑佐證了這件事——**消除「抗拒」比提高「幹勁」更能增強人的行動力。**

▽ 當減輕抗拒就會產生動力

我也深切感受到這一點。

比方說，當我用Power Point製作培訓用的講義時，分量多到幾乎要壓垮我的意志。150頁。就算我很喜歡製作講義，可是那分量多的情況大約要100～150頁。

不過，當我製作了第3章中的一部分之後，內心竟然出現這樣的變化。

「講義第3章剩下的部分就是寫那個……。也許早上花1個小時就能寫完第3章……。」

製作講義原本是如此令人感到鬱悶的一件事，卻因為對於付出勞力的「抗拒」減輕，而能夠很快地著手去做，並有動力想要一鼓作氣完成它。

「只要稍微做一點」會讓那些原本感覺是負擔的工作，轉而感到「接下來只要做這些就ＯＫ」，因此建議各位養成這樣的習慣。

請務必趁你還保有精力的「此時此刻」，稍微先做一點你覺得「好像很麻煩……」的作業。

消除下次要做時的「抗拒」，也是提高專注力的一個策略。

POINT

覺得「一定很麻煩……」的事，要先「稍微」做一點。

這樣可以降低開始要動手時的「抗拒感」。

決定好「如果發生〇〇就△△」，
執行力將增強2倍以上

精疲力盡時，
請制定「If-Then計畫」

If

如果覺得累了

Then

先在辦公桌前坐下

「If-Then計畫」

為利用「附帶條件」激發幹勁的方法。
寫報告的話，執行力將上升2.3倍；運動習慣則為2.5倍。

▼ 如果發生○○就△△

讓我們「多管齊下」來強化幹勁開關吧!

雖然先前說過「只做1分鐘也行」。可是,我們有時候連這樣都感到厭煩。

要是先準備好一些技巧,就會更有能力去克服怠惰。

因此我想為各位介紹的是「If-Then計畫」。

此為哥倫比亞大學的海蒂・格蘭特・海佛森(Heidi Grant Halvorson)教授提出的最強「幹勁開關」之一。

這是一種當你心想「好,開始吧」,但卻怎麼樣也無法開始,在此狀態下很有效的方法,所以沒道理不多多加以利用。做法非常簡單,簡單到幾乎讓人難以置信。

【If】 如果發生○○。

【Then】就△△。──只需設定好這些。

這是心理學「附帶條件」的作用,事先定出「附帶條件」將會增強你的執行力。

在教授的實驗之中已驗證如下：寫報告方面，執行力提高2.3倍；運動習慣方面的執行力則提高2.5倍之多。

▼「If-Then計畫」的2大重點

那麼，讓我分享2個使「If-Then計畫」更有效的技巧。

- 「If」的設定要是「日常」容易發生的事。
- 「Then」的設定要是「很容易的事」。

也可以考慮結合本書所介紹的方法，預先設定好為：

「如果覺得要做某件事很累，就先在辦公桌前坐下。」

「如果覺得之後可能會提不起勁……，就去咖啡館，打開電腦。」

我也是這麼做的。

培訓課程結束後有時要向人事部門的窗口提交報告，可是隔天很忙，確實可能會覺

得這件事「很煩」。

遇到這種情況我會設定：「培訓課程結束之後，回家途中先找家咖啡店坐坐，再打開電腦」。

一打開電腦就會順勢開始多少做一點工作。

接著會漸漸產生作業興奮，不知不覺間便把工作好好做完了。這整個流程簡直就像是精心設計好的。

因此我深切體認到，為什麼「If-Then計畫」會被稱為最強大的習慣。

POINT

累到提不起勁時，如果事先制定「If-Then計畫」，決定好要做什麼，就比較容易集中精神全心投入。

建立「個人儀式」，專注力就會提高

「簡便的儀式」
會激勵士氣

工作表現
提升

「錨定效應」

即如「彈指10下」等的某個特定動作或行為
會觸發人進入幹勁模式。

▼ 靈活運用「錨定效應」

讓我們來聊一點不一樣的。

這件事就是，**當你建立「個人儀式」，工作表現會更好。**

假使你沒有「個人儀式」，建議你一定要建立起屬於自己的儀式。

棒球選手鈴木一朗在球員生涯的招牌動作——高舉球棒與地面垂直，然後指向投手，也是一種「個人儀式」。

除此之外，還有諸如職業高爾夫球手養成親吻球的習慣，推桿成功率便上升38％；認知測驗前彈10下手指，成績便進步21％之類的例子。可不能小看儀式帶來的功效。

這些既非咒術也不屬於靈性層面，而是一種稱作「**錨定**」的心理效應。

利用某個特定刺激來引發「理想的心理狀態」就稱為錨定效應，以心理學和語言學作為基礎的ＮＬＰ（自然語言處理）也提倡使用這種技巧。

如何建立「個人儀式」

建立「個人儀式」的方法很簡單。即透過重複下列的步驟來建立自己的儀式。

Step 1：選定一項簡單的動作或行為（例：彈10下手指）。

Step 2：嚴格重複這個動作或行為（例：一定彈10下，而不是5下或7下）。

Step 3：一點一點地感受事情進展順利的狀態（例：感覺自己能夠專注了）。

要做的事情只有這樣。

我也會建立自己的個人儀式。不僅如此，很多的儀式內容簡單到我甚至都不好意思說出來。

連彈指都覺得麻煩的我，自己的個人儀式全是一些日常習慣。如果要舉例會沒完沒了，我就簡單分享幾個例子。

「每天用同一只馬克杯喝咖啡。」（這樣就會進入工作模式）

「在家工作時也換穿『上班服裝』。」（這麼做也會進入工作模式）

「一早醒來就看記事本。」（這也是進入工作模式的儀式）

雖然是這麼簡單的儀式，但我感到十分有效果。

此刻我在寫作的同時，桌上同樣擺著那只「慣用的馬克杯」。用馬克杯喝著咖啡，

獨自思索……。像這樣的時間，對我來說反而是一段令人覺得很愜意的時光。

感謝「個人儀式」為我帶來良好的習慣。

POINT

一旦建立個人儀式，它就會成為幹勁開關。

讓體溫上升，
就能很快達到高峰

想提振精神時，請做「心理暖身」

「心理暖身（Psyching-up）」

藉由提高身體的核心溫度，
使幹勁在短時間內達到高峰。

▼ 不必等待「幹勁」，讓「體溫」上升吧！

還有許多方法可以啟動你的引擎。

是否有遇過假期已經結束，但是身體還在放假的情況呢？傻傻地等待幹勁恢復是很累人的事。

如果是這樣，不妨讓體溫上升吧。

事實上，根據「收假症候群」與體溫的研究已經發現，如果假日的早晨不做任何活動、悠閒地度過，假期結束時「身體的核心溫度」會降低。

因此，我想推薦給各位的方法是「心理暖身（Psyching-up）」。

提高身體的核心溫度，可以讓幹勁在短時間內達到高峰。

順便告訴大家，「Psych」含有「使人振奮」、「使人情緒激動」的意思，這是又被稱為「能量控制」的心理訓練方法。

當我陷入收假症候群狀態時，不論我怎麼告訴自己「拿出你的幹勁」，身體就是跟

不上。這時我只要做「心理暖身」，效果立刻就會顯現。

是否曾經看過運動員在比賽前，戴著耳機聽音樂同時隨意活動身體的樣子呢？

其實那就是心理暖身，藉由讓心跳加快或體溫上升來提高專注力。

▼ 怎麼做心理暖身

心理暖身的步驟如下：

不過，它並不只是慢慢搖晃身子就好。

【心理暖身的動作】

· Step 1：聽會讓人情緒亢奮的音樂。
· Step 2：加入簡單的動作，活動身體。
· Step 3：想像自己用最快的速度。

舉例來說，你可以在上下班通勤時聽著喜歡的音樂，同時用比平時更快的速度走著，下定決心：「好！今天下午6點要做完」；如果四周都沒人，「依著喜歡的音樂輕輕跳躍等，使心跳加速，提高身體的核心溫度」，效果也不錯。

我是養成習慣，走路時「用耳機聽音樂，用力縮小腹、背挺直，並且稍微加快走路的速度」。

實際嘗試之後，便慢慢感覺到體內愈來愈有能量。

當你因「收假症候群」等覺得身體很沉重時，請務必試著採用這個方法。

從容易的事做起，
專注力就會提高

「待辦清單」要講究順序

	待辦清單
簡單	1
	2
	3
	4
	5
費事	6

美國哈佛商學院的調查顯示

從容易任務著手的那一組，專注力最高。

▼ 什麼事應該先做？

你對處理任務的順序有什麼樣的策略呢？

假如處理的順序是沒多加思考、單純按照清單上的排序，那麼請你試著採取以下的原則。

「從簡單的開始做，慢慢就會產生自己的步調」。

事實上，研究已證實，從簡單的事物著手更能集中專注力。因為一樣樣處理的成就感會促使主管興奮的多巴胺分泌，提高專注力。

為各位介紹一項有趣的研究。

美國哈佛商學院進行了一項500人的調查。

首先，他們將所有人分成以下3組。

A組：從「重要」的任務處理起。

B組：「按照清單排序」處理任務。

C組：從「簡單」的任務處理起。

結果發現，從簡單任務處理起的C組專注力最高。

稍微思考一下就能理解。

假設你要學習某項技能。

現在有2項任務，「閱讀厚達400頁的英文專書」和「觀賞20分鐘的影片」。你會選擇何者好讓學習進入步調呢？應該會毫不猶豫地選擇觀看影片，不是嗎？

這就是為什麼說「任務處理」的正確做法，是盡可能從簡單的任務做起。

▼ 複雜的任務要細分化

然而在現實中，總不會都只有那麼容易的工作。

這時在製作待辦清單時，不妨將任務進一步細分。

以「製作給ＡＢＣ商事的企劃書」這類任務為例，就是拆成「構思企劃書的目錄」、「輸入企劃書大綱」、「輸入各頁文字」3個部分。

如果覺得「製作目錄」很簡單，不妨從這裡著手。事實上我在製作提案或講義時，一定從構思目錄開始。

這麼做會讓你的作業過程像推倒骨牌一樣順利進展。

請務必試著將任務拆解，從簡單的部分做起。

POINT

將任務細分，從簡單的部分做起。
這樣會更容易照著步調進行。

如果會受幹勁影響，就多多安排「預定」的計畫

只要定出具體的計畫，執行的可能性便會上升300％

受到動力所影響

井然有序地完成既定計畫

美國哥倫比亞大學的研究顯示

透過下列2個步驟來提升行動力。

Step1：將應做事項拆解到「行動層次」。

Step2：制定具體的計畫。

▼ 不需要幹勁

前些日子我聽到如下的談話。

「我平時會在YouTube上發布影片，但最近懶懶的⋯⋯。目前停更中⋯⋯。」

聽了這番話，我很擔心一件事。就是這人的行動會受到「動力」所影響。

我自己是即使動力不足，也不會讓它影響到我的行動。

⋯⋯這麼一說，似乎會讓人感覺我好像擁有鋼鐵般的意志，但完全不是這樣的，我只是**井然有序地照著定好計畫去完成**。

我很訝異很少人知道，只要如此制定計畫，不管是誰來做，那個人的行動力都會提高，而且不受動力所左右。我強烈推薦這個方法。

如何制定不受幹勁左右的計畫

事實上，有項研究印證了這一點。

美國哥倫比亞大學教授海蒂・格蘭特・海佛森的研究指稱，只需照下列步驟做，採取行動的可能性就會提高300％。

Step 1：首先，將應做事項拆解到「行動層次」。

Step 2：然後制定具體的計畫（將要做的事排出時間表）。

我真的只是照這樣做而已。

我甚至覺得它改變了我的人生，這麼說一點也不誇張。

學生時代的我常常是「看心情」決定上不上課；又或是一下要參加聚餐，後來又改成先不要好了，如此的反反覆覆。

後來我踏入社會，並找到一份銷售工作。不論刮風、下雨或是酷熱的夏天，每天都要拜訪數十位客戶。這雖然沒什麼大不了，但我因此痛切體認到，如果繼續「看心情」辦

事我會無法做下去。

這時我採納了上司給我的建議，他本身就是一位頂尖的業務員。

他建議的方法就是「**盡量將要做的預定事項，具體地排入時間表**」。

當我嘗試之後，明白了一件事。

這就是在給未來的自己不斷出題目。而且我真切感受到，排入時間表就表示之後會井然有序地完成它。

愈是「麻煩的工作」愈要提前確定時間表，只要養成這個習慣，不但會讓人感覺這一天過得更加充實，相信日積月累下，人生也會走向更好的方向。

POINT

盡量不要受到動力所左右。

為此，愈是「麻煩的工作」愈要提前排入時間表。

TKK法則會讓
工作變有趣

T 有趣化

K 簡單化

K 確認效果

能讓無趣任務變得
莫名有趣的「TKK法則」

「工作形塑」

花些巧思改變視角，讓人感覺工作的價值。
「TKK法則」就是基於這理論的方法。

▼ 任何工作都可以很有趣

假如你感覺不到眼前的任務到底哪裡有趣，我希望你做一件事。

那就是「TKK法則」（取自日文Tanoshii-Kantan-Kouka的羅馬拼音首字）。

K：確認效果。

K：簡單化。

T：有趣化。

的習慣。

即藉由納入這3項要素，幫助你培養出不受動力所影響，能夠長時間持續穩定工作的習慣。

我在以前的著作《堅持力》（繁體中文版由台灣東販出版）一書中，也曾經介紹過這個方法。當我研究心理學、企管學等日本國內外的各種知識、見解，並整理養成習慣的要素，發現可以將其分成3大類。

▼ 3 要素的重點

第一項要素是「T：有趣化」。**請試著「花些巧思」。**

只要加上一點點新的挑戰，如稍微改變資料的「版面配置」、仿效高手的做法等，工作立刻就會變得有趣。

這方法是基於「工作形塑」的理論。

這是由美國耶魯大學管理學院副教授艾美・瑞斯尼斯基（Amy Wrzesniewski）和美國密西根大學榮譽教授珍・E・杜頓（Jane E. Dutton）所提出的，旨在解釋讓所有工作做起來更有意義的方法，並展示「花些巧思」的效果。

接著是「K：簡單化」。**具體來說，就是盡可能不需要「準備」、「判斷」。**

前面介紹過提高「幹勁」前先消除「抗拒」的效果，讓我們像這樣消除開始著手之前心裡的抗拒吧。將準備工作減到最少，肯定會提高執行力。

最後是「K：：確認效果」。**請試著將成果「可視化」。**

建議不要把處理完的任務從待辦清單中整筆塗消，而是☑打勾讓它可視化。研究發現，一旦把進度「可視化」，工作表現就會提升。

這印證了在美國哈佛商學院教授組織心理學的泰瑞莎・艾默伯（Teresa Amabile）所說的「進度法則」──「當人感受到自己確實正朝著目標前進，會愈來愈有動力」。

不論從事的是什麼行業，總是會有無趣的工作。即使這樣還是得做，這就是工作。

這個TKK法則在這方面，對我的幫助很大。

POINT

工作並不有趣，是人讓工作變得有趣。不論多麼無趣的工作，透過「有趣化」、「簡單化」與「確認效果」這3招，就會變有趣了。

4

當保有發呆的時間，「靈感」就會降臨？（自在專注）

眾所周知，牛頓看到蘋果從樹上掉下來，於是發現了「萬有引力」。

這種「瞬間閃現的靈感」往往會解決迄今為止沒有找到答案的問題。

假使有方法能刻意引發這「瞬間閃現的靈感」，難道你不會想要知道嗎？

事實上真的有。而且還非常簡單。

就是有意識地保有「發呆」的時間。

因為這麼做會讓你更容易進入「自在專注」模式。

我在COLUMN1中告訴大家「做白日夢、自由發揮想像力的狀態」就是進入自在專注模式的狀態。

還說那種專注就像是「洗三溫暖時忽然想通了，煩惱迎刃而解」。

或是「旅途中眺望著風景時靈光一閃想到什麼點子」。

因此，**假使你坐在書桌前以「銘印專注」深入思索仍然得不到答案時，最好有意識地預留時間讓自己可以去公園、三溫暖或是咖啡館發呆。**

《以科學方式喚醒天才的靈光一閃　超級思考法》（暫譯，威廉・杜根〔William Duggan〕著，鑽石社）中介紹了將星巴克發展成一家世界級咖啡連鎖店的霍華・舒茲（Howard Schultz）的例子。

這則小故事正是「自在專注」所帶來的結果。情形大概如下：

- 一九八三年，舒茲在美國西雅圖的星巴克工作。當時的星巴克還只是一家咖啡豆專賣店。
- 舒茲去義大利米蘭出差尋找新家具，偶然走進一家咖啡吧。
- 舒茲喝著義式濃縮咖啡，突然靈光一閃：
- 「何不試著將義大利的咖啡吧文化引進星巴克呢？」

有個詞叫「Eureka」，意指「恍然大悟」、「靈感乍現」的時刻。

它源自古希臘語，據說當初阿基米德在發現檢測黃金純度的方法時便大喊這個字。

所謂的自在專注就是刻意引發這「Eureka」時刻的手法。

最近，三溫暖在經營者和忙碌的商務人士之間掀起一波熱潮。這股熱潮或許顯示了許多人已感受到刻意保有發呆時間的效果了。

第 **5** 章

打造維持專注力
的專注空間
之「環境技巧」

當綠視率達到10～15％，專注力就會提高

39
CONCENTRATION
HACKS

擺放「植物」要左右對稱

「綠視率」

即綠色植物在人的視野中所占之比例。
如果植物擺放得左右對稱，減輕壓力的效果會更高。

⚫ 不能小看「綠視率」的功效

只是改造環境便能提高專注力，你有過這類的經驗嗎？

這一章我將要為各位介紹這類環境的「打造法」。

事實上，關於「打造能夠集中專注力的環境」這個課題，不僅是大學等的研究機構在驗證而已，許多企業也都有在進行研究。打造環境對於維持專注力，就是有著如此舉足輕重的關鍵作用。

本章中我要鎖定幾個我曾經親身實踐、真的值得推薦，並具有實證效果的方法。

首先要先介紹的是「綠視率」。

請試著在桌面或地上放置植物看看。光是這樣就能有效提高專注力。

在此「綠視率」指的是，綠色植物在人所看到的視野內所占之比例。

研究已證實提高「綠視率」可使人的專注力上升，而要提高專注力，一般認為綠視率最好要達到10～15％。

當身處在布置有綠色植物的空間裡，壓力荷爾蒙「皮質醇」的分泌會受到抑制。人在感到壓力時身體會分泌皮質醇，因此分泌受到抑制後會使得專注力更容易恢復，並有助於保持專注力。

▼ 擺放植物也有訣竅

有一項跟KOKUYO、JINS等企業合作的計畫，在向日本經濟產業省提交的「工作方式改革示範事業報告」（二〇一八年）中，所公布的數據十分發人深省。經過研究驗證，當人在一個將植物作最妥當配置的房間裡工作時，**專注力會上升8％**。

另外，澳洲墨爾本大學有一項這樣的研究。在無趣的打字作業中插入40秒的休息時間，並分成2組測試，**一組邊休息邊看著充滿綠意的屋頂影像、一組邊休息邊看著商業區水泥屋頂影像。經過驗證後發現前者的輸入錯誤減少，而且專注力恢復得更好。**

除此之外，針對植物的擺放位置，也驗證出某件有趣的事實。

在某項研究中，發現「<u>左右兩側對稱地擺放植物最能減輕壓力</u>」。

因此遠距工作時，光只是在電腦旁放小盆的觀葉植物也能減輕壓力，並且更容易保持專注力。

我也會在書桌旁擺放人造的植物盆栽。外觀精巧，幾可亂真。但同樣具有光觸媒的除臭效果，最重要的是不需照顧而很省事，我很滿意這點。

POINT

觀葉植物擺放得左右對稱，專注力會更好。

利用芳療精油的香氣
啟動專注力的開關

40
CONCENTRATION HACKS

要想瞬間進入專注狀態，請利用「香氣」

檸檬

胡椒薄荷

迷迭香

ON

「芳療精油擴香」

擺放擴香器具，專注力便上升5%
（根據工作方式改革示範事業報告）。

▼ 「家中的氣味」會導致專注力降低

在遠距工作時，相信也有不知為何就是無法保持專注力的時候。

主要的因素之一，常常是因為「家中有的一些氣味」。

身為腦波研究的權威、日本杏林大學的榮譽教授古賀良彥這麼說：

「**當事人沒有意識到的家中氣味，可能會對腦部造成負面影響。**」

事實上，據說在教授與P&G合作進行的實驗中，在人感受到汗味、體臭的情況下，作為專注力指標的腦波會降低10.8％。

因此，我要推薦給各位一個方法。

遠距工作想要提高專注力時，**請聞一聞芳療精油的香氣。**

這是因為當我們聞到香氣時，就等於是對腦部發出「好！進入工作模式了！」的開工信號。

據前一小節分享的「工作方式改革示範事業報告」（二○一八年）指出，進入工作空間之前，使用芳療精油擴香，可使專注力提升5%。

▼ 提高專注力的香氣是指什麼？

我也相當在意工作空間的氣味。

一直在努力尋找適合自己的香氣，試過無數的芳療精油擴香、室內芳香劑、線香……等等。並實際感受到每一樣的功效。

現在，我最熱中的方法是薰香，就是將從藥妝店買來的「純薄荷油」滴在面紙上，再放置於書桌上。我覺得沒有比這個更直接有效的香氣，而且效果會立刻顯現出來。即便是覺得身體「沉重」的早晨也能一下子清醒過來，進入專注模式。

話雖如此，但這個方法很因人而異，並不建議所有人都這麼做。

我要推薦給各位的是**檸檬、胡椒薄荷、迷迭香或尤加利**等，這些具有提高專注力作

用的香氣。

要在空間中噴灑「芳療精油噴霧」也好，將1～2滴精油滴在面紙上的「薰香」也好，何不多多嘗試看看呢？

講究氣味不僅能幫助你集中精神，還能讓你感覺一整天都過得很充實。

即使是「不含咖啡因」的咖啡也能集中專注力

能提高專注力的咖啡具有雙重效果

咖啡因的效果

香氣的效果

「咖啡因和香氣的效果」

即使是一杯咖啡也可有效提升專注力。
建議的咖啡香氣是巴西聖多斯、曼特寧、夏威夷可娜。

● 2種效果使專注力提升

咖啡能提高專注力早已眾所皆知，但如果知道「咖啡具有雙重效果」，相信你對咖啡會更加愛不釋手。

第1個是咖啡所含的咖啡因效果。

首先，它能有效抑制飯後的睡意。

當我們攝取的食物轉換成能量時所產生的腺苷（Adenosine，代謝物）與腺苷受體結合，我們就會感到睏意。可是一旦攝入咖啡因，就能阻礙腺苷與受體結合，因此能夠抑制睡意。

那麼，攝取多少咖啡因的量才是最好的呢？

根據日本東京福祉大學的論文《日常生活中咖啡因的攝取》具體指出：

- **50毫克的咖啡因即可產生興奮作用**（1杯咖啡）。
- 每日攝取量控制在300毫克以內較為適當（6杯咖啡）。

千萬不可過量飲用，但能夠有效地攝取是好的。

第2個是咖啡「香氣」的效果。

在古賀良彥教授的研究中也提到，咖啡的香氣具有提高專注力的效果。雖然也可以期待配方豆（Blend）帶來的效果，但是巴西聖多斯、曼特寧、夏威夷可娜等單品豆（Single Origin），據說更能有效提高專注力。

換句話說，**即使只是擺在桌上不去喝它，香氣的效果也能有效提高專注力。**

▼ 有效利用不含咖啡因的咖啡

有件事令我覺得很神奇。

傍晚以後，我會盡量喝不含咖啡因的咖啡，以免妨礙睡眠。**但即使不含咖啡因，我仍然感受到咖啡帶來恢復專注力的效果。**

這正是香氣的功效。

不論熱咖啡或是冰咖啡，我通常是早上和白天喝配方豆咖啡，傍晚以後喝無咖啡因的咖啡。

在日常生活中飲用不含咖啡因的咖啡，既可防止攝取過量的咖啡因，也不會干擾睡眠，還依然會產生興奮作用、提高你的專注力。我要把這方法推薦給想有效地攝取咖啡，或是不喜歡咖啡因的人。

想要集中專注力時，何不將咖啡變成你的盟友呢？

POINT

咖啡具有「咖啡因」和「香氣」的雙重功效。不喜歡咖啡因的話，喝不含咖啡因的咖啡也能獲得提升專注力的效果。

聽背景音樂無法提升專注力。
但是，環境音卻可以！

刻意改用「環境音」當背景音樂

「環境音」

如海浪聲、雨聲、篝火聲或咖啡館內的喧囂聲等。
「遮蔽效應」和「1/f 雜訊」可以使專注力集中。

▼ 沒有背景音樂比較好？

人們常說「有背景音樂會更集中專注力」，但需要小心一點。因為研究發現，事實上**對某些人來說，背景音樂會降低他們的專注力。**

首先，**對於不習慣在作業中聽音樂的人，沒有背景音樂更能集中專注力。**

在日本和歌山大學的研究中發現，不習慣在作業中聽音樂的人，一旦邊聽音樂邊念書，專注力便會很難集中。而且他們還觀察到，作業過程中有音樂，他們反而會感到心浮氣躁。

那麼，像我這種習慣在工作中聽背景音樂的人，又該如何是好呢？

這項研究雖然沒有發現專注力難以集中的情況，但令人意外的是，有證據顯示「它對提高專注力沒有作用」。

這樣說來，意思是最好保持安靜無聲嗎？倒也不是。

我建議用「環境音」當作背景音樂。

所謂「環境音」指的是波浪聲、雨聲、燃燒篝火的聲音或咖啡館內的喧鬧聲等。

因為如果安靜無聲的話，周遭的談話聲、車聲等就會顯得格外突出，常常稍微有點聲響便會感到在意。

這種「環境音」還會產生「遮蔽效應（Masking effect）」，掩蓋掉四周的噪音，是當你想集中專注力時的最佳選擇。

▼ 聰明使用音樂

「環境音」的作用不僅如此。

它還含有能提高專注力的「1/f 雜訊」。

順帶說明一下，「1/f 雜訊」指的是兼具「規則性」和「不規則性」的聲音。例如：海浪聲和雨聲確實很規律，但當中也混雜了不規律的聲音，所以會出現1/f 雜訊。

在前面的章節有介紹過番茄鐘工作法。

我使用這個技巧時，很喜歡聽YouTube上「番茄鐘工作法用」的「環境音」，尤其是海浪聲。感覺很舒服，而且能有效集中專注力。

不過，也許有人會這樣覺得：「只有環境音實在無趣。」

如果是這樣，平常習慣邊聽音樂邊做事的人不妨就聽音樂吧。雖然不能提高專注力，但還是會達到放鬆的效果，可以在作業中感到愉快。

「只為了集中專注力而聽環境音」，人不可能如此自我克制。感覺舒服也很重要，妥善地將音樂融入工作中也是一個明智的選擇。

POINT

背景音樂不會提高專注力。反而應該要小心。

不過，「環境音」確實會提高專注力。

用「坐骨」坐，提高專注力

保持正確坐姿的 2個訣竅

手肘呈 90 度
椅子如果有扶手就不容易前傾

直立坐骨
加一個靠墊，就會改善姿勢

日本櫻美林大學的調查顯示

改善坐姿後再來解計算題，
解題速度會加快約5～10%。

▼ 為什麼最好注意自己的坐姿

據說日本人坐著的時間，比世界上其他人都還要久。

澳洲雪梨大學的研究人員調查全球20個國家和地區的成年人，發現日本人每天要坐**7個小時（中位數）**。

根據日本櫻美林大學鈴木平教授的調查顯示，**當人改善坐姿後再來解計算題，解題速度會加快約5～10%**。因此對於需要久坐的人來說，確實不容忽視坐姿帶來的影響。那麼，應該要怎麼坐才好呢？

正確答案是，「**用坐骨坐**」。

各位可能會心想，「坐骨」是哪裡啊？

「坐骨」就是骨盆底部的骨頭。

請見右頁的插圖。這種坐法就能直立「坐骨」坐著，可以大幅度地減輕疲勞。

▽ 建議的物品

可是改善坐姿說來容易，做起來卻很難。我自己也是如此，要一直保持坐骨直立地坐著很累。

身體會在不知不覺間慢慢向前傾，雖想要維持坐姿，但最後通常會變成肩部、頸部跟腰部都感到痠痛。

事實上為避免這樣的結果，「椅子」的選擇極為重要。

首先，最好選擇有扶手的椅子，讓手肘可以呈90度。

因為將手肘擺在扶手上，可以讓人自然地保持身體挺直，而不會對身體造成負擔。

我也是選用這樣的椅子，如此一來身體就不會前傾，非常有用。

S形的靠墊。

假使真的必須坐餐桌用的椅子工作，建議**直立坐骨，並準備一個可以讓脊椎呈自然**

除此之外，也很推薦在椅背上加裝靠墊來支撐腰椎。我也是這麼做的，有了這個靠墊，即使背靠在椅背上也能保持坐骨坐姿，不容易感到疲勞。

我有腰痛的老毛病，長時間坐著容易感到疼痛，但靠著這些物品的幫助，我確實感到能夠長時間集中專注力。

另外，如果周圍沒有人，也可以採用「單腳盤坐」的姿勢。這樣就能自然地「用坐骨坐」、背也能挺直，更容易保持專注。

POINT

只是端正坐姿，解題速度便會加快。

愈是經常久坐的人，愈需要留意坐姿。

只要「換個地方」，就能活化腦部

無法集中專注力時，就換個地方

「位置細胞」

一旦改變地方，這種細胞就會活化腦部，
能讓記住的單字量增加40%。

▼ 只要換個地方，就能活化腦部

待在同一個地方工作久了，有時也會陷入僵局。

這種時候，你是否想過「要去咖啡館工作嗎」？

這個想法很合理。**因為「換個地方」將會活化你的腦部。**

二○一四年，約翰‧奧基夫（John O'Keefe）博士等人，因一項歷史性的發現獲得諾貝爾生理與醫學獎。

他們發現腦部中有一種能夠「感知位置」的「位置細胞」。

舉例來說，假設你在睡覺時被人搬移到某個地方。

當你醒來時，宛如GPS一樣能辨識出自己身處「另一個地方」，將它想成是這樣的能力，可能會比較容易理解。也就是說，我們與生具備一種「感知位置的精密能力」。

接著，再繼續進一步解釋。

事實上在更早以前，即一九七○年代中期，就有過一項實驗證實「位置細胞」的作

用。該實驗顯示，只是換個地點念書，記住的單字量就增加了40％以上。

這是因為「位置細胞」受到改變地方的刺激，進而活化了腦部。

在此我有個提議。當你一直在同一個地點作業，感到「快要窒息」時，就乾脆換個地方吧。

只是換個地方，就能活化腦部、使專注力恢復。

如果是遠距工作，有時在家裡的書桌工作、有時待在客廳工作……，像這樣換個地方工作也是一個策略。或者「去咖啡館工作」應該也不錯。

▼ 什麼地方「最難集中專注力」？

根據眼鏡製造商JINS設置的單人工作空間「Think Lab」的調查，日本人最難集中專注力的地方竟然是「辦公室」。

平均每11分鐘，就會因為「別人跟你說話」或是「查看電子郵件」而受到干擾。感覺這個事實似乎沒有反駁的餘地。

儘管如此，我們有時還是只能待在辦公室裡工作。

這種時候，如果**有個公共空間，或是空的會議室可使用，轉移到另一個地點作業也**不錯。

不過也要視公司的實際情況，需要多加注意。

在一個不習慣離開坐位工作的職場，事先取得工作方式的共識很重要，這樣彼此都能愉快地工作。

當然非常建議正在閱讀本書的你試看看，何不找大家一起嘗試看看這種改變位置的方法呢？

POINT

有研究顯示，只是換個地方，記憶力便提高40％。

當感到快窒息時，乾脆換個地方作業。

如果想保持專注力，
也要特別留意室溫

想要專心時，
請設定在22～26℃之間

 不到 22℃

 22～26℃

 超過 26℃

室溫與專注力的關係

溫度從20℃調高到25℃，讓打字錯誤減少44%，
打字的文字量增加150%！

▼ 專注力會隨著室溫出現明顯變化

日本環境省的官方網站上有段這樣的文字：

「日本環境省建議，夏季將室溫設定在28℃，冬季設定在20℃，以節約能源並且不至於降低舒適度。」

從節約能源的觀點來看，我當然很想這麼做；可是若想集中專注力，我不得不說這樣的設定不好。

有許多研究已經清楚指出，室溫如果未保持在22～26℃之間，則會削弱專注力。

想集中專注力時，首先就把空調設定在22～26℃之間吧。

接著我要介紹幾個支持如此說法的研究。

▼ 有關「室溫與專注力」的研究

- 將室溫從20℃調高到25℃，打字的錯誤將會減少44%，並且打字的文字量增加150%。

  （根據美國康乃爾大學艾倫‧赫奇〔Alan Hedge〕等人的研究）

- 工作生產力最高的溫度是22℃。

  （根據芬蘭赫爾辛基理工大學、美國勞倫斯‧伯克利國家實驗室的共同研究）

- 以室溫來說，一般辦公室建議設定在26℃。

  根據約100名電訪員1年1萬3169人份的通話數據，去分析室內環境與生產力的關係，發現從25℃上升到28℃時，生產力下降了6%。

  （根據日本早稻田大學理工學術院田邊新一教授）

- 與25℃時相比，在28℃的環境下工作8小時，最後1小時的工作表現下降約15%。

（根據東京疲勞和睡眠診所院長梶本修身）

雖然數值不一，但可以歸結出，在保持專注力方面，22～26℃是最佳溫度。

作為一個培訓講師，我也深切感受到室溫的重要性。

確實有辦公室從節約能源的觀點將室溫設定為28℃，但在開始上課的大約3小時後，學員便漸漸露出疲態。

在這時我會問所有學員：「有沒有人覺得會熱？」大約3分之1的人會回答「有點熱」；然後當我將室溫調到25℃上下，立刻清楚看到學員們的專注力恢復了。

建議各位，只在想集中專注力的時候，將室溫設定在22～26℃之間。

POINT

在政府建議的夏季28℃、冬季20℃的室溫下，專注力會降低。

只在想集中專注力的時候，將室溫設定在22～26℃。

如果會心繫智慧型手機，就改變放置處

只是收在口袋裡是不行的。
放在別的房間才是正解！

美國德州大學的調查顯示

進行測驗時發現，得分最高的是將智慧型手機
「放在別的房間」那組；最低則是「放在面前」那組。

▼ 專注力的最強勁敵「智慧型手機」

最後要談的是「智慧型手機」，這是集中專注力一個非常重要的主題。

假如你**會不自覺地去摸手機，或是會想滑手機的話，請改變放置手機的地方。**

最後要談的是「智慧型手機」的時間比和家人相處的時間要長，而且就算說手機早已是我的拍檔，也一點都不誇張。

我也是動不動就想拿起手機的人之一。不但滑手機的時間比和家人相處的時間要長。

可是，如果想保持專注力，就不能屈服於手機的誘惑。

我在本書的第1章中，談到多工會導致「專注力急遽下降」；第2章則說「分心只需0.1秒，但恢復專注力卻需要23分鐘」。而會讓人忍不住分心、助長多工作業的智慧型手機，則是專注力的最強勁敵。

▼ 智慧型手機不能收在口袋裡

首先，如果你會不自覺地伸手摸手機，請試著 **「工作時將手機放在『別的房間』或是『玄關』等的其他空間」**，從這樣的行為做起。

由美國德州大學心理學家阿德里安·沃德（Adrian Ward）所做的一項調查，其結果不容我們忽視。

他將800名受試者分成把智慧型手機「放在別的房間」、「放入口袋」、「放在面前」3組，並進行多次測驗。結果不出所料，「放在別的房間」那組的成績最好，分數最低的則是「放在面前」那組。

到此為止都不意外。但值得注意的是，連把智慧型手機放入口袋那組的成績也下滑。因為只是放入口袋的話，還是會意識到手機的存在。

不過，如果你覺得「放在別的房間有點麻煩……」，請試試我的做法。只是將智慧型手機 **放在手搆不到的地方，也能獲得相同的效果。** 我在幫手機充電時會把它放在視線之

218

外、伸手也構不到的書桌一角，這樣我就不會想要去碰手機了。

相信也有些時候，即使這樣仍然抵擋不了智慧型手機的誘惑。

這種時候，何不乾脆考慮使用「附有定時鎖的容器」？這是以前在電視上介紹過，日本的猜謎大王松丸亮吾在需要專心時所使用的道具，因而引起討論的話題。由於在設定的時間之前，都無法開啟盒蓋，所以看來確實不會再伸手去拿智慧型手機。

有辦法克服智慧型手機的誘惑，是能幹的職場人必須具備的技能。

請務必找到適合自己的方法。

POINT

若會不小心伸手去拿智慧型手機，那就放在構不到的地方。

或是其他自己覺得有效的做法也OK。

如果無論如何都會被智慧型手機分散專注力，請調成「灰階」

一旦調成「灰階」，便覺得看手機很麻煩

「彩色模式」→犒賞系統受到刺激。

「灰階模式」→犒賞系統的刺激消失。

「灰階」的功效

在此為各位介紹，我為了遠離智慧型手機而親自實踐的方法。先告訴各位，由於這方法的效果太好，反而令我感覺危險，大約2個月後就暫停使用了。

這方法就是，把智慧型手機的螢幕調成灰階（黑白）。

首先來介紹它的理論吧。Google前設計倫理負責人崔斯坦・哈里斯（Tristan Harris）為我們說明了如下的解釋。

「灰階會去除透過給予刺激來使行為增加的『正增強』效果，弱化無法不瀏覽社群媒體動態、玩遊戲的衝動。」

意思就是，透過將所謂的「與犒賞系統相關的刺激」變成黑白來加以抑制。

當我們看到牛排肉汁四溢的彩色照片，的確會「好想吃啊」；但如果是看到單色調的照片，應該就不會這麼「想吃」吧。

▽ 讓人開始對智慧型手機感到麻煩的設定法

那麼，現在來分享我自己的經驗。

當我一改成灰階，立刻減少了查看手機的頻率。

首先，APP的圖示變得很難辨別。這讓我有點不爽。

更甚者是，我會覺得「YouTube一點都不有趣……」。

我自己也是頻道的創作者，所以平常就有查看YouTube的習慣。但我在螢幕轉成灰階後，開始對用手機看影片感到痛苦，於是決定用個人電腦看YouTube。

漸漸地，我開始覺得看手機很麻煩，包括使用其他的APP也一樣，這使得我滑手機的頻率銳減。

不過，發生了一個令我困擾的狀況。

我回覆發布在YouTube和Voicy上留言的速度開始變慢。

但這並不是我的目的。因此，我基於自身的考量決定不再使用灰階。當你認真想戒

222

除智慧型手機時，這招相當有效。

接下來介紹具體做法，請務必嘗試看看。

〔iOS的設定法〕

設定→輔助使用→顯示器調節→

點擊「顏色濾鏡」將它開啟，並選擇「灰階」。

〔Android的設定法〕 ※因機種而異。

設定→協助工具→文字與顯示→色彩校正→

利用「校正模式」選擇「灰階」。

（或是開啟設定中的「開發人員選項」→模擬色彩空間→選擇「全色盲」。）

POINT

只要將手機螢幕改成灰階模式，反而會開始覺得看手機很麻煩。

結　語　單靠閱讀不會讓人生變得更好。你需要的是⋯⋯。

感謝各位讀到最後。

我在本書中詳細說明了提高專注力的重要性以及具體方法和習慣。

若想要在忙碌的生活中，能更有效率地達成目標、完成想做的事情，為此專注力就是我們所不可或缺的技能。

說它是讓我們的人生更加豐富的前提應該也不為過。

不過，請讓我在此告訴各位一件重要的事。

在社會上打滾並沒有那麼容易，光靠閱讀不會讓你的人生變得更好。

這是我的肺腑之言。

如果可以光靠閱讀就讓人生好轉的話，那讀了30本書應該就不會再有煩惱，過著與忙碌無緣的生活了。

然而，事情並非如此。

因此，最後請容我說幾句，為各位加油打氣。

我要分享「**學習固著率**」的概念。

「學習固著率」是美國國家實驗室提出的一項指標，它代表了長期下來我們能夠記住多少自己曾經學習過的知識。

根據這項指標，「閱讀」的學習固著率僅僅只有10％。

換句話說，即使讀了一本書，也頂多只能吸收到其中10％的內容。

因此，就算各位讀完本書，但人生並不是單靠閱讀就能變得更好，人生不是件容易的事。

那麼，該怎麼做才能讓學過的知識成為自己的養分呢？

解決的方法其實很簡單。

就是「**實踐**」，只需要這樣就好。

透過親身實踐，學習固著率確實就會提升到75％。

這和看過食譜，但沒有實際做過就學不會是一樣的道理。

這和看過講解運動的書，但除非實際下場練習，否則不會進步也是一樣的道理。

要學會一樣東西唯有靠親身實踐。

因此我在本書的「前言」也曾經說過，請「至少實際嘗試1項看看」。你的專注力絕對會有突飛猛進的提升。

其結果就是，你開始能夠在短時間內處理很多事情，並過著從容寬裕的生活。

但我想再提供一個建議。

事實上，有個方法能讓學習固著率提高到90％。

那就是「**教導別人**」。

透過教學可以讓學習固著率躍升到極致。

同時，也請將你實踐的內容分享給你身邊重要的人。

這不僅對你自身有益，你身邊的人也將有機會像你一樣讓人生變得更好。

既然讀到了最後，你肯定懷抱雄心壯志，並且兼具能力和技術。今後繼續學習、不斷成長，將會幫助你提升到更高的層次。

剩下的就只是實踐。決定「要做」的事，就請務必實際做做看。

在你迎向新階段的挑戰上，我會一直給予支持和鼓勵。

RASISA LAB股份有限公司代表董事、人才培訓講師

伊庭正康

参考資料和文献

PR TIMES 〈勉強時間と学習の定着・集中力に関する実証実験〉
https://prtimes.jp/main/html/rd/p/000000562.000000120.html

BBC News Japan 〈SNSを見続けてしまうからくり　仕掛け人の間にも懸念〉
https://onl.bz/uQUUyw7

《限りある時間の使い方》オリバー・バークマン著，高橋璃子譯，かんき出版

《ヤバい集中力》鈴木祐著，SBクリエイティブ

《4 Focus 脳が冴えわたる4つの集中》青砥瑞人著，KADOKAWA

《人生を変える集中力の高め方　集中力が劇的に向上する6つの話》ステファン・ファン・デル・スティッヘル著，枝川義邦、清水寛之、井上智義監修，徳永美恵譯，ニュートンプレス

《SINGLE TASK 一点集中術「シングルタスクの原則」ですべての成果が最大になる》デボラ・ザック著，栗木さつき譯，ダイヤモンド社

STUDY HACKER〈成功者の習慣8個。続ければ年収が4倍に!?〉
https://studyhacker.net/successful-people-habits

厚生労働省「eヘルスネット」
https://www.e-healthnet.mhlw.go.jp/information/heart/k-02-001.html

《スタンフォードの自分を変える教室》ケリー・マクゴニガル著，神崎朗子譯，大和書房

OXFORD ACADEMIC 〈Respiration-timing-dependent changes in activation of neural substrates during cognitive processes〉
https://academic.oup.com/cercorcomms/article/3/4/tgac038/6696699

Roberts Wesleyan University 〈35,000 Decisions: The Great Choices of Strategic Leaders〉
https://go.roberts.edu/leadingedge/the-great-choices-of-strategic-leaders

Psychology Today 〈How Many Decisions Do We Make Each Day？〉
https://www.psychologytoday.com/intl/blog/stretching-theory/201809/how-many-dedecisions-do-we-make-each-day

ログミー Biz《日本人は生まれつき悲観的？中野信子氏が解説する不安の脳科学》
https://logmi.jp/business/articles/152C7I

新潟市醫師會
https://www.nigatashi-ishikai.or.jp/citizen/cranial/cranial-memo/20221028z130.html

《デスクワーク中に可能な運動として行う微小揺脚運動（貧乏揺すり）：経絡自律神経活動の変化》（特別講演1,第23回生命情報科学シンポジウム》
https://cir.nii.ac.jp/crid/13900012881=4857984

《カラダのキヤチ》
https://hicbc.com/tv/karada/archive/20100103/

Taylors & Francis Online《Call Center Productivity Over6 Months Following a Standing Desk Intervention》
https://www.tandfonline.com/doi/abs/10.1080/21577323.2016.1183344?jounalCode=ueh20

《モチベーションの心理学「やる気」と「意欲」のメカニズム》鹿毛雅治著，中央公論新社

《変化を嫌う人」を動かす》ロレン・ノードグレン、デイヴィッド・ションタル著，船木謙一監譯，川崎千歳譯，草思社

《やり抜く人の9つの習慣　コロンビア大学の成功の科学》ハイディ・グラント・ハルバーソン著，林田レジリ浩文譯，ディスカヴァー・トゥエンティワン

再春館製薬所《1週間を元気に過ごす！気持ちのいい月曜日の朝を迎えるには》
https://www.saishunkan.co.jp/labc/report/rhythm_data1

東京医科大学　精神医学分野　産業精神医学支援プロジェクト《早起きは三文の損：朝型人間の夜ふかしと、夜型人間の早起きが生産性低下と関連》
https://teem.tokyo-med.ac.jp/omh/news/202203_chronotype/

STUDY HACKER《アマゾンが新オフィスを"植物だらけ"にした興味深い理由。視界のグリーンがもたらすメリットがすごい！》
https://studyhacker.net/office-green

日本の人事部　健康経営《緑視率》
https://jinjibu.jp/kenko/keyword.det/1414/

プロクター・アンド・ギャンブル・ジャパン株式会社〈家庭のニオイが子どもの集中力を低下させることが明らかに〉
https://prw.kyodonews.jp/prwfile/release/M101519/201612127110/_prw_OR1fl_RrRQ50La.pdf

日本健康心理学会大会発表論文集〈コーヒーの香りが集中度としての情報処理能力に与える効果〉
https://www.jstage.jst.go.jp/article/jahpp/33/0/33_P24_pdf/-char/ja

東京福祉大学〈日常生活の中におけるカフェイン摂取〉
https://www.tokyo-fukushi.ac.jp/introduction/research/images/bulletin/bulletin06_02.pdf

NewsPicks〈コーヒーの香りが集中力をアップさせる科学的根拠とは〉
https://newspicks.com/news/2893085/body/

和歌山大学〈計算および記憶課題に及ぼすBGMの影響について〉
https://core.ac.uk/download/pdf/198554489.pdf

理化学研究所　脳科学総合研究センター〈Place cell（場所細胞）とGrid cell（格子細胞）──2014年ノーベル生理学・医学賞を解説する〉
https://bsi.riken.jp/jp/youth/place-cell_and_grid-cell.html

ダイヤモンド・オンライン〈勉強する場所を変えるだけで、テストの点数が良くなる!?〉
https://diamond.jp/articles/-/83900

環境省〈家庭のエネルギー事情を知る〉
https://www.env.go.jp/earth/ondanka/kateico2tokei/html/energy/detail/06/

STUDY HACKER〈生産性を上げたければ「温度」と「湿度」に気を配れ!?　最適な作業環境を徹底的に考察してみた。〉
https://studyhacker.net/columns/best-temperature-efficiency

AERA dot.〈オフィスの温度「28度設定」の根拠は50年前の研究〉
https://dot.asahi.com/aera/2016072600185.html?page=1

ダイヤモンド・オンライン〈室温28度のオフィスで仕事の生産性は15％落ちる〉
https://diamond.jp/articles/-/140185?page=2

WIRED〈スマートフォンへの依存を防ぐには、「グレースケール設定」が効果的?〉
https://wired.jp/2020/01/30/grayscale-ios-android-smartphone-addiction/

作者
伊庭正康（Iba Masayasu）
RASISA LAB股份有限公司代表董事。

1991年進入瑞可利（Recruit）集團，從事銷售業務工作，專為企業客戶服務。4度獲得年度全國頂尖業務員、頂尖經理人獎，累計接受表揚超過40次。之後，歷任業務經理、關係企業From A Career股份有限公司的代表董事。
2011年成立培訓公司RASISA LAB，為業界的龍頭企業服務，針對業務技巧及領導能力相關主題（業務培訓、業務主管培訓、指導技巧、演講），每年舉辦200場以上的講座，學員回流率超過九成。亦經常獲邀《日本經濟新聞》、《日經Business》、《The 21》等多家財經報章雜誌訪問。同時，也在全球線上知名學習平台「Udemy」，開設業務技巧、領導能力、時間管理等相關課程並創下佳績。
著有《好的業務只做這些事》（暫譯，PHP研究所）、《工作迅速的人不會用的做事法》、《完成目標的主管絕對不用的團隊術》（2本皆為暫譯，日本實業出版社）等30多本書。繁體中文版的著作則有《當責主管就是要做這些事！》（方舟文化）等。

※另外，免費電子報（共8次）：「RASISA LAB免費電子報」、
YouTube：「進修教練伊庭正康的skill up channel」、
Voicy：「每天5分鐘skill up radio」也廣獲好評。

日文版STAFF
設計	菊池祐
插畫	岡田丈
圖文排版	野中賢／安田浩也（システムタンク）
校對	共同制作社

YARUKI ZERO KARA FLOW NI HAIRU CHO SHUCHU HACK
© MASAYASU IBA 2023
Originally published in Japan in 2023 by ASUKA PUBLISHING INC.,TOKYO.
Traditional Chinese translation rights arranged with ASUKA PUBLISHING INC. TOKYO,through TOHAN CORPORATION, TOKYO.

超專注力對策
科學實證47項立即有感的心智集中法

2024年4月1日初版第一刷發行

作　者	伊庭正康	
譯　者	鍾嘉惠	
編　輯	吳欣怡	
封面設計	水青子	
發 行 人	若森稔雄	
發 行 所	台灣東販股份有限公司	
	＜網址＞http://www.tohan.com.tw	
法律顧問	蕭雄淋律師	
香港發行	萬里機構出版有限公司	
	＜地址＞香港北角英皇道499號北角工業大廈20樓	
	＜電話＞（852）2564-7511	
	＜傳真＞（852）2565-5539	
	＜電郵＞info@wanlibk.com	
	＜網址＞http://www.wanlibk.com	
	http://www.facebook.com/wanlibk	
香港經銷	香港聯合書刊物流有限公司	
	＜地址＞香港荃灣德士古道220-248號	
	荃灣工業中心16樓	
	＜電話＞（852）2150-2100	
	＜傳真＞（852）2407-3062	
	＜電郵＞info@suplogistics.com.hk	
	＜網址＞http://www.suplogistics.com.hk	

ISBN 978-962-14-7549-7

TOHAN